Hans Vontobel   Der Mensch als das Mass

Hans Vontobel

Der Mensch als das Mass

Bemerkungen zu einer globalisierten Welt

Verlag Neue Zürcher Zeitung

© 2003 Verlag Neue Zürcher Zeitung, Zürich
ISBN 3-03823-045-6
www.nzz-buchverlag.ch

Inhalt

Statt langer Worte

Wenn man eine weite Strecke des Lebensweges mit kritischem Sinn gegangen ist, neigt man dazu, die mannigfaltigen Eindrücke zu ordnen, Irrtümer und blosse Modeströmungen aufzuzeigen, die falschen Münzen auszuscheiden und an Wahrheiten zu erinnern, die von Dauer sind. Ein Blick in die Geschichte tut not, doch darf dieser nicht zum Alibi werden. Wir müssen vermeintliche Wahrheiten immer wieder überprüfen, denn wir sind dauernd in Änderung und Bewährung eingebunden.

Ich habe meine Gedanken vor den verschiedensten Zuhörerkreisen, vor allem auch an manchen ausländischen Hochschulen zum Ausdruck gebracht und es geschätzt, mit jungen Leuten zu diskutieren. Sympathien und Kritik sind mir gleichermassen begegnet. Ich habe mich stets zu meinem Land mit allen seinen Unzulänglichkeiten bekannt und versucht, die gesellschaftliche und soziale Einbettung des Bankiers und Unternehmers aufzuzeigen.

Die kritischen Worte, an denen es nicht fehlt, habe ich mir für zu Hause aufgespart. Das aber ändert nichts an meinem Optimismus für die Zukunft der kleinen Schweiz im Chor der Grossen.

Dr. Hans Vontobel
Zürich, im März 2003

Der Mensch als das Mass –
ein Leitfaden zum Titel

Wir durchleben exzessive Zeiten – der grassierende Fundamentalismus auf den verschiedensten Gebieten gibt uns einfache Antworten und schafft vielleicht auch neue Feindbilder, an die wir glauben, an denen wir uns orientieren. Dabei haben wir berechtigte Angst vor Gesellschafts- und Wirtschaftslehren, die sich losgelöst von der Praxis im theoretischen Raum ergehen und die – wie Blicke in unsere Geschichte zeigen – stets früher oder später Schiffbruch erleiden.

Zweifelsfrei werden einer unbegrenzt freien Marktwirtschaft und einem unreflektierten Globalismus in den kommenden Jahren die praktikablen Grenzen aufgezeigt, andernfalls wir in einem wirtschaftlichen Darwinismus enden. Doch stellt sich die Frage, ob die Systeme grundlegend falsch sind oder ob es die Menschen sind, die sie fehlinterpretieren. Ich neige zu letzterem und halte es mit Otto Friedrich Bollnow, der in seinem Buch «Mass und Vermessenheit des Menschen» eindrücklich skizziert, wie dem modernen Menschen das rechte Verhältnis zum Mass verloren gegangen ist und er unter dem trügerischen Deckmantel des Unendlichkeitsstrebens sowohl im privaten wie im öffentlichen Bereich einer alles zerstörenden Masslosigkeit frönt.

Entsprechend setze ich in einer Zeit der pauschalen Etikettierung und Verteufelung Andersdenkender auf den Menschen als das Mass aller Dinge – insbesonders auf eine Elite, die das alles entscheidende Zusammenspiel zwischen Wirtschaft, Kultur, geschichtlicher Erfahrung und menschlichen Werten auf einer dem Humanismus verpflichteten Basis zeitgemäss interpretiert. Denn mehr als je benötigen wir kritische Zeitgenossen, hier in der Schweiz wie auch weltweit, die aus tradierten Denkschemata ausbrechen und jene Eigenschaft entwickeln, die uns weitgehend abhanden gekommen ist: die Zivilcourage.

Im Rückspiegel

Trotz meines Alters bin ich voll Lebensneugier und blicke nach vorne. Wenn ich dennoch zu Beginn die Vergangenheit Revue passieren lasse, dann im Sinne einer Visitenkarte – und um aufzuzeigen, dass das bestimmende Phänomen unserer Zeit, die Globalisierung, auch vor meiner Welt nicht halt gemacht hat.

60 Jahre Privatbankier (2001)

1943 trat ich als junger Angestellter mit einem Monatsgehalt von 475 Franken in die väterliche Privatbank ein, nachdem ich meine Studien an der Universität Zürich und ein Bankpraktikum in Genf (anstelle des damals nicht möglichen Auslandsaufenthaltes) abgeschlossen hatte. Mein langjähriger Traum von einer Chirurgenlaufbahn war von meinem Vater mit Erfolg zerpflückt worden. Das Geschäft mit einem runden Dutzend Angestellten war minim; den Rettungsanker boten damals die durch meine Bank erfolgten offiziellen Rückkäufe in Deutschen Auslandsbonds für Rechnung der Deutschen Golddiskontbank und von Schweizerfranken-Obligationen dänischer Schuldner für Rechnung einer Privatbank in Kopenhagen. Auch für den Versand von Liebesgabenpaketen gegen bescheidenes Entgelt betrachtete man sich keinesfalls zu gut.

Es war eine kleine Familie mit weissen und schwarzen Schafen; man kannte die gegenseitigen Stärken und Schwächen und war zumeist in der Lage, nötigenfalls die Arbeit der Kolleginnen und Kollegen vertretungsweise zu übernehmen. Am 24. Dezember wurden jeweils vor Arbeitsbeginn Kerzen angezündet und Weihnachtslieder gesungen. Am Sankt Niklaustag erhielten alle ihren grossen «Chlaussack», eine Gepflogenheit, die sich bis heute erhalten hat und wovon auch unsere Mitarbeiterinnen und Mitarbeiter in USA und Kanada profitieren.

Eine international anerkannte Sonderstellung erlangte die Bank um das Kriegsende, als ausländische Wertpapiere mit Nicht-Feinderklärungen (sogenannten Affidavits) gehandelt

11

wurden – eine Wissenschaft besonderer Art, für die wir aber die notwendigen Spezialisten besassen. Versuche mit dem Kleinkreditgeschäft und dem Leasing wurden aufgenommen, doch bald wieder aufgegeben. Refinanzierungen durch Grossbanken wären nötig geworden, wozu wir nicht bereit waren. Es war und ist der Stolz meiner Bank, von Krediten völlig unabhängig zu sein. Eigene Auslandsanleihen für österreichische und englische Schuldner, damals ein Novum, wurden aufgelegt; auf meine Initiative entstanden für Emissionsgeschäfte die Gruppe Zürcher Privatbanken und die Gruppe deutschschweizerische Privatbankiers. 1962 pflegten wir als erste Schweizer Bankiers den Handel in japanischen Aktien.

Heute ist die Bank grösstes Aktivum der Vontobel Holding, deren Aktien an der Börse kotiert und mehrheitlich in Händen der Familie, einer Stiftung und des obersten Kaders sind. Wir beschäftigen rund tausend Mitarbeiterinnen und Mitarbeiter in Zürich, Genf, Wien, Salzburg, New York, Mexico City, Köln, London, Madrid und Vancouver. Ich selbst bekleide nur noch das Amt eines Ehrenpräsidenten, der aus einer vielleicht eher distanzierten Haltung gelernt hat, Erlebnisse und Erfahrungen zu verarbeiten und damit die Illusion verbindet, er könne sie weitergeben.

Die Jahre dazwischen sind – rückblickend betrachtet – im Flug vergangen. Ich habe viel Glück gehabt und bin dafür dankbar. Der Finanzplatz Schweiz ist in diesem halben Jahrhundert zu seiner heutigen, nicht unumstrittenen Bedeutung gelangt, weil die Schweiz nach 1945 über die besseren Rahmenbedingungen als die Nachbarn und einen intakten Bankenapparat verfügte. Wir Schweizer Bankiers sind in diese Stellung sachte hineingerutscht, hatten wir doch in den ersten Nachkriegsjahren alle zu Unrecht mit einer grossen Krise und dem Erfordernis einer grösstmöglichen Liquidität gerechnet. Eines von vielen Beispielen, wie die Fachleute, besonders wenn sie unisono die nämliche Meinung vertreten, sich immer wieder täuschen!

Wenn ich in der Folge versuche, etwas von meinen in über einem halben Jahrhundert gesammelten Erfahrungen als Schweizer Privatbankier und langjähriger Börsenpräsident zu vermitteln, so bitte ich zu bedenken, dass meine Gedanken der Wissenschaftlichkeit entbehren. Sie fussen auf sehr persönlich gefärbten Erfahrungen in der eigenen Privatbank, der ich als Bindeglied zwischen den Generationen leitend angehörte, aber auch auf Eindrücken aus dem Kreis meiner schweizerischen Berufskollegen, den Familienbankiers.

Neue Strukturen und neue Kunden

Schweizerische Familienbanken werden von einer oder mehreren Familien stimmrechtsmässig beherrscht; gelegentlich ist ein kapitalmässiger Rückzug auf eine Sperrminorität erfolgt. Es fehlen zumeist aussenstehende Aktionäre mit grossen Paketen. Auch die Einflussnahme grosser Geldinstitute auf dem Wege der Kreditgewährung entfällt, da die Familienbanken grundsätzlich keine Kredite, ausgenommen Lombardkredite, gewähren. Waren die Familienbanken, die vereinzelt auf Handelsunternehmen des 18. Jahrhunderts zurückgingen, anfänglich Personengesellschaften, haben sie heute oft die Rechtsform der Aktien- oder Kommandit-Aktiengesellschaft. Die Genfer Privatbanken, soweit sie nicht von Grossbanken übernommen wurden, sind dem ursprünglichen rechtlichen Status treu geblieben. Der patriarchalische Charakter hingegen, der keine Spitzenkader von ausserhalb des Kreises der alten Genfer Familien duldete, ist einem modernen Geschäftsgebaren gewichen.

Der weltweite Umbruch in der Bankenwelt hat auch die Familienbanken nicht verschont. Ihre Zahl hat sich reduziert, zumeist mangels geeigneter Nachfolge (Nutzniesser sind in jüngster Zeit die Raiffeisenbanken). Doch auch die anhaltend hohe Zahl von Auslandsbanken in der Schweiz (127 ausländisch beherrschte Institute sowie 23 Filialen ausländischer Banken) mit ausländischer Kundschaft sorgen für nicht zu unterschätzende Konkurrenz. Und nicht zuletzt hat sich auf Kundenseite einiges geändert. Der Bankklient ist kritischer und ungeduldiger geworden, er denkt und handelt international und will ein geographisch und branchenmässig breit gestreutes Portefeuille. Das wiederum bedingt auch bei den Familienbanken einen breiten Stab im Ausland ausgebildeter Mitarbeiterinnen und Mitarbeiter sowie eine die Grenzen überschreitende Finanzanalyse.

Ein kleines Beispiel für den Ausbau dieser Finanzanalyse in unserem Haus: Im Bewusstsein der eigenen, personellen Be-

13

grenzung sollte sich anfänglich die Primäranalyse auf schweizerische Gesellschaften beschränken. Doch was besagt der Pensionkasse in Südostasien der Finanzplatz Schweiz, wenn seine Angehörigen Schweden und die Schweiz verwechseln und nur den Kontinent Europa als Wirtschaftsraum kennen? So ist diese klein konzipierte Finanzanalysenabteilung zwangsläufig auf ein knappes halbes hundert Analytiker (Elektroniker, Nahrungs- und Agrarwissenschaftler, Biotechniker und Ärzte) ausgebaut worden. Diesem Hinweis lässt sich entnehmen, dass sich die Kundschaft der Familienbank immer mehr in Richtung institutionelle Kundschaft entwickelt hat. Die Hälfte meiner Kunden gehört dem privaten, die Hälfte dem institutionellen Bereich an. Ihr Domizil ist weltweit verstreut.

Der heutige Kunde ist leistungsorientiert. Bindungen, vielleicht seit Generationen gepflegt, werden brüchig; es zählen die bessere Performance, der raschere und exaktere Service. Dienstleistungen sind zu erbringen, die allesamt unter dem Begriff der integralen Vermögensverwaltung zusammengefasst werden wie Beratung in Steuerfragen, Erbschaftsangelegenheiten und bei der Gründung von Stiftungen. Die Konventionen, welche die Konkurrenz in Grenzen hielten, sind gefallen, die Gebühren im dauernden Rückgang; Emissionssyndikate bilden sich ad hoc.

Mit dieser Entwicklung muss sich die Familienbank auseinandersetzen. Will sie sich auf das nationale Geschäft beschränken, ist sie zur Bedeutungslosigkeit verurteilt oder kann nicht überleben. Die Kunden und die Märkte verlangen von der Familienbank heute unendlich viel mehr als einst. Der Träger eines alten Namens hat im Familienunternehmen keinen Platz mehr an der Spitze, wenn er nicht den gesteigerten Führungsanforderungen gerecht wird. Rascher als in früheren Zeiten sind Familienmitglieder in Spitzenpositionen ausgebrannt.

Das personelle Kräftefeld der Familienbank

Kundschaft, Märkte und neue Finanzinstrumente, die uns zumeist aus den USA zukommen, zwingen auch eine Familienbank zu dauernden Strukturänderungen. Ich pflege zu sagen, dass sich eine Bank in jeweils drei bis fünf Jahren völlig ändert.

Um so notwendiger ist es, sich über die personellen Schwerpunkte Rechenschaft zu geben und im richtigen Verhältnis zu gewichten. Der Verwaltungsrat der Familienbank wird zumeist von einem Träger des Familiennamens präsidiert; entscheidend ist aber nicht der Name, sondern die Führungsqualität. Diesem Gremium, das in meiner Bank der Altersguillotine unterworfen ist, gehören Persönlichkeiten an, die das Geschäft verstehen. Solche zu finden, hält für eine Familienbank schwer, denn Vertreter von Grossbanken oder von den staatlichen Kantonalbanken denken anders. Wir suchen Finanzfachleute mit internationaler Erfahrung und verzichten auf die Garnitur des Verwaltungsrates durch Politiker und liebenswerte oder unbequeme Familienangehörige. Ein Verwaltungsrat muss über die Zivilcourage verfügen, einem Präsidenten aus der Familie zu opponieren. Das ist alles andere als eine Selbstverständlichkeit!

Anders als für die Verwaltungsräte, die nur Pflichtaktionäre sind, besteht für Mitglieder unserer Geschäftsleitungen ein Aktionärsbeteiligungsplan. Was den leitenden Mitarbeitern auf dieser Etage zukommt, sprengt die Vorstellungen früherer Jahre. Diese Mitarbeiter haben viele ihrer Werturteile in den Jahren der Ausbildung in den USA erhalten. Entsprechend sind die Anforderungen, denen man sich aus Konkurrenzgründen ganz einfach nicht entziehen kann.

Aus der kleinen oder grösseren Familie rekrutieren sich die Familienaktionäre. Sie sind auch heutzutage noch entscheidend für das Image der Familienbank. Einigkeit, Harmonie ist alles, und dies betrachte ich als eine meiner wesentlichen Aufgaben zur Wahrung; ich glaube, sie bisher erfüllt zu haben. Anderswo habe ich immer wieder erlebt, wie es zu Gruppierungen und Spaltungen in der Familie kam, nicht nur, weil von Generation zu Generation die Identifikation mit der Familienbank kleiner wird, sondern auch weil jene, die nicht im Unternehmen mitwirken, sich hinsichtlich Information vernachlässigt fühlen. Dauernde Information ist deshalb das Entscheidendste im Zusammenhalt des Unternehmens, auch in schwierigeren Zeiten.

Aktionärsbindungsverträge verhindern das Ausscheren einzelner Familienmitglieder. Sie bedürfen auf Grund sich ständig ändernder Gegebenheiten, in familiärer und gesellschaftsrechtlicher Hinsicht, der dauernden Nachführung. Ich versuche durch jährliche Familienanlässe, an welchen über 16jährige Mitglieder der vierten Generation teilnehmen, den Kitt zwischen Familie und Bank zu verstärken. Mit dieser jungen Generation führe ich Gespräche über die berufliche Karriere, wobei ich beileibe nicht eine leitende Stellung in der Familienbank in Aussicht stelle. Ich habe mich öfter über Freunde aus der süddeutschen Nachbarschaft amüsiert, die bestrebt waren, die Geschicke ihres Unternehmens auf Jahrzehnte hinaus zu sichern.

Die Unternehmenskultur

Man spricht in der Wirtschaft viel von Corporate Identity oder Unternehmenskultur und schert sich zumeist wenig darum. Unser wichtigstes Aktivum, gerade auch in Familienbanken, sind die Mitarbeiterinnen und Mitarbeiter. Es soll ihnen das Gefühl gegeben werden, einer grossen Familie anzugehören. Mit vielen kleinen Gesten bei Familienereignissen und zu Weihnachten, durch persönliche Gespräche versuchen wir dem nachzuleben und erfahren immer wieder von neuen Mitarbeitern, sie würden nun endlich als Menschen anerkannt und nicht mehr als Nummern behandelt. Eine intensive innerbetriebliche Kommunikation gehört in diesen Zusammenhang und wie in jeder Familie liegen menschliche Wertschätzung und Enttäuschung nahe beieinander.

Wir haben, wenn auch mit anfänglicher Zurückhaltung, verschiedene kleinere Banken des In- und Auslandes übernommen. Die menschliche Integration dauerte mehrere Jahre. Die vielzitierten Synergieeffekte beim Zusammenschluss grosser Unternehmen erlaube ich mir, mit einem vorsichtigen Fragezeichen zu versehen. Ich glaube, der Trend geht in vielen Branchen, auch im Banken- und Versicherungsbereich, wieder in Richtung Verselbständigung einzelner Teilgebiete. Hat sich nicht die «Allfinanz» bereits wieder überlebt?

Der Bankier als kritischer Zeitgenosse

Man spricht oft von der «déformation professionelle», die sich beim Bankier recht häufig findet. Wir Bankiers dürfen nicht nur in Zahlen leben, nur dem Saldo verpflichtet sein. Interessen verschiedener Art schaffen ein Gleichgewicht, wenn wir in der Tageshektik und im Konkurrenzkampf den Sinn für die Proportionen zu verlieren in Gefahr sind. Auf verschiedenste Weise und auch ohne die Fanfarenklänge des Sponsors können wir helfen und unsere Solidarität mit der qesellschaftlichen und biologischen Umwelt beweisen. Ein warmes Herz soll sich mit einem kühlen Kopf paaren, soll die Hilfe sinn- und nutzvoll sein.

Auch wenn ich voll Lebensneugier nach vorne blicke und die Vergangenheit nur ganz gelegentlich – wie beispielsweise hier – Revue passieren lasse, bin ich in einem gewissen Sinn vielleicht doch altmodisch. Ich identifiziere mich mit diesem Staat, mit seinen offenkundigen Schwächen, und kehre immer wieder gerne von Geschäftsreisen aus Übersee in die Heimat zurück.

Wir Schweizer haben die Europäische Gemeinschaft (EG) und den sich abzeichnenden europäischen Markt im öffentlichen, politischen Leben lange nicht beachtet. Die Wirtschaft hat freilich in der Stille die Harmonisierung schrittweise vollzogen. Vielleicht tönt es überheblich, wenn ich sage, dass wir uns Zeit nehmen sollten. Mehr Selbstvertrauen und Gelassenheit tun uns Not. Der Finanzplatz Schweiz vermag mit oder ohne Anschluss an die EG zu prosperieren, wenn wir uns günstigere Rahmenbedingungen schaffen oder jene des Auslandes sich verschlechtern. Die Schweiz ist ein Kleinstaat, darin liegt die Begrenzung, aber auch die Chance für die Zukunft. Im letzten Jahrhundert war die Schweiz der arme Bruder in Mitteleuropa und hat sich dank Fleiss und Zuverlässigkeit, aber auch mit viel Glück, ihre heutige wirtschaftliche Stellung erkämpft. Die Ausgangslage für den Schweizer Bankier unserer Tage ist besser als damals, wenn wir die uns einst zugesprochenen Tugenden wie Fleiss, Seriosität und Pflichterfüllung mit unserer Vielsprachigkeit und dem Mut zum kalkulierbaren Risiko verbinden.

Versuch einer Prognose

Eine Prognose zwingt als erstes zur Frage, woran jene, die im Laufe der letzten Jahrzehnte verschwunden sind, scheiterten. Zum einen war es das Klumpenrisiko, dessen todbringende Risiken gutgläubige Privatbankiers missachteten. Der andere Grund liegt im Bewusstsein der eigenen Begrenzung, der Grenzen, die uns allen personell und finanziell gesetzt sind. Finanziell beschränkte Manövrierfähigkeit lässt sich zweifellos mit einem guten Namen und in prosperierenden Zeiten leicht erweitern, doch Menschen, für Führungspositionen bestimmt, bedürfen charakterlicher und ausbildungsmässiger Voraussetzungen; ihre Zahl ist begrenzt. Und dieser Faktor wiederum schmälert die Ausbaumöglichkeiten der Familienbank, will sie sich nicht von Führungskräften mit fremden Unternehmenskulturen und Mentalitäten leiten lassen. Geographisch besagt dies für mich, ungeachtet der vorherigen Aufzählung unserer Gruppenstandorte in Übersee, dass die Familienbank Europa, auch das nach Osten erweiterte Europa, als ihre Domäne betrachten soll, nicht aber andere Hemisphären, wo sie nur punktuelle Erfolge, abhängig von einzelnen ihr eher zufällig zugegangenen Persönlichkeiten, verbuchen kann.

Es gibt für den Familienbankier eines kleinen Landes, das seine Chancen nur durch Weltoffenheit finden kann, keine andere Möglichkeit als die Internationalität. Sie birgt Chancen und eng zu begrenzende Risiken. Je mehr meine Berufskollegen sich dank Software global ausdehnen, um so günstiger bewerte ich die Zukunft des aufgeschlossenen, vorsichtigen Familienbankiers, gelegentliche Fehlleistungen nicht ausgeschlossen. Ich schuf seinerzeit bankintern den Vergleich der Bank Vontobel mit dem renommierten Spezialarzt, der in besonderen Fällen der grossen, allgemeinen Klinik vorzuziehen ist. So müssen wir wohl auch in Zukunft versuchen, besser zu sein als die andern, dank unserer Spezialisierung.

Baustelle Schweiz:
Staat, Wirtschaft und Finanzplatz

Wenn wir angesichts mangelnder Fortschritte und
fruchtloser parlamentarischer Debatten an unse-
rer Zukunft zweifeln, wollen wir uns an Jean-
Paul Sartre erinnern, der sagte: «Dans nos sociétés
en mouvement, les retards donnent quelques fois
de l'avance.»

Die Suche nach dem Selbstvertrauen (1997)

Unsere demokratischen Institutionen sind zusehends um-
stritten, die Demokratie ufert aus und das Ansehen unserer
Staatsführung ist gesunken. Es fehlen in dieser Periode der
Bewährung die kraftvollen Persönlichkeiten, wie wir sie freilich
in von wenig Störungen belasteten Jahren keineswegs begehren.
Der Prozentsatz an Arbeitslosen vermag sich nur mühsam von
jenem Tief, wie wir es seit den dreissiger Jahren nicht mehr erlebt haben, zu erholen und der von den anderen einst als Mus-
terknabe Eingestufte steht – wenn wir manchen Medien und
gesellschaftskritischen Schriftstellern folgen – heute im Büsser-
hemd da. Die Schweiz sei vor der Weltöffentlichkeit isoliert,
will man den gleichen Quellen glauben.

Vor rund 15 Jahren sprach ich in einem Referat angesichts der
damaligen Rezession über «Die Zuversicht für die Zukunft liegt
in der Geschichte». Ich begann damals mit folgenden Sätzen:
«Wir leben dem Augenblick und einer ungewissen Zukunft, erfahren eine oft kaum mehr zu überbietende politische und wirtschaftliche Schwarzmalerei und sind auf dem besten Weg, den
Sinn für vernünftige Massstäbe zu verlieren. Ein Blick in die
Geschichte tut Not und zwar vorwiegend in jene des eigenen
Volkes, wozu wir am ehesten berufen sind.» Diese Sätze haben
auch heute Gültigkeit, doch möchte ich es – anders als damals –
nicht mit dem Blick in unsere Vergangenheit bewenden lassen.
Politik und Wirtschaft sind immer mehr international verfloch-
ten. So liegt der Gedanke nahe, einen vergleichenden und auch

trostsuchenden Blick über den Gartenhag zum Nachbarn zu werfen. Eigentlich erstaunlich, dass wir zwar dauernd den Ausdruck der Globalisierung im Mund führen, im Bemühen, unsere mannigfaltigen Probleme zu meistern, aber meistens nur national denken und argumentieren.

Ein Blick über die Grenze

Die eingangs angetönten Schwächen peinigen unsere Nachbarn mindestens so wie uns. Der Zusammenschluss der beiden deutschen Staaten ist auf der gesellschaftlichen Ebene bisher ausgeblieben, Deutschland wird – «contre cœur» – schrittweise als Statthalter der USA in eine europäische Führungsrolle gedrängt. Für Frankreich wird in etwa 25 Jahren mit einer muselmanischen Bevölkerungsmehrheit gerechnet. Das Zusammenleben der beiden Bevölkerungsteile in Belgien ist denkbar fragil. Das Auseinanderklaffen zwischen dem reichen italienischen Norden und dem benachteiligten Süden dauert ungeachtet aller Förderungsprogramme an. Beispiele, die sich beliebig vermehren lassen, von der explosiven Situation im Südosten Europas ganz zu schweigen. Europäische Staatsmänner überkleistern die wachsende Desintegration innerhalb der europäischen Staatengemeinschaft. Die gegenüber früheren Ostblockländern bestehenden Zollhindernisse verzögern deren wirtschaftlichen Aufschwung und rufen in den dortigen Bevölkerungen wehmütige Erinnerungen an die Vergangenheit wach.

Es mag zynisch tönen, doch der Zusammenbruch der russischen Supermacht hat neuen, unerwarteten Problemen gerufen. Die USA sind als einzige Weltmacht verblieben, was wir Europäer alle in zunehmendem Masse zu verspüren bekommen werden. Die Weltgeltung Chinas zeichnet sich erst in Konturen ab. Die Nachkriegsphase ist zu Ende, doch was folgt nun? Mit dieser Fragestellung sind wir alle konfrontiert, die Schweiz inbegriffen. Kein Trost freilich, aber verbunden mit der Empfehlung, den Sinn für die Proportionen nicht zu verlieren.

Alte Schlagworte und neue Rezepte

Wir sind verunsichert, verängstigt. Es sind die fehlende moralische Basierung und die uns während Jahrzehnten verwöhnende Überkonjunktur, welche diese Gemütslage schaffen. Angst schafft Feindbilder, läuft der Toleranz zuwider. Wir sind mitten in einer Periode der Hexenverfolgungen (im übertragenen Sinn), auch wenn wir statt des Scheiterhaufens humanere Hinrichtungsarten anwenden. Medien stehen im Banne der Auflage und der Einschaltquote; sie bedürfen der Schlagzeile. Einst war es der Begriff der Selbstverwirklichung, heute jener der Vergangenheitsbewältigung, der ein heilloses Durcheinander schafft und uns den Blick in die effektiven Verhältnisse verwehrt.

Freigebig werden Rezepte angepriesen, wie wir uns aus dem Malaise der Arbeitslosigkeit und der Sozialasten lösen können. In seinem Vortrag, betitelt «Der Niedergang Deutschlands», antwortete der deutsche Referent Graf von Krockow auf die Frage zur Gestaltung der Sozialversicherung, jedes Individuum habe inskünftig ab Geburt ein monatliches Grundsalär von Staates wegen zu erhalten. Wer sich später für eine berufliche Tätigkeit entschliesse, verbessere damit sein Einkommen. Unbeantwortet blieb die Frage der Finanzierung. Ganz ähnlich verlief die Diskussion in einem Kreis von ausgewählten schweizerischen Wirtschaftern und Vertretern des Sozialbereichs. Das Individuum als Sozialempfänger ab Geburt, die Familie als Lebens- und Unterstützungsgemeinschaft überflüssig. Dieser Hinweis schliesst keineswegs aus, dass wir uns mit dem Begriff der Arbeit und der Arbeitszeit intensiver, nach neuen Konzepten suchend, befassen müssen.

Wollen wir den Glauben an uns wieder gewinnen, genügen weder vergleichende Blicke in das von ähnlichen Übeln geplagte Ausland, noch die Anwendung billiger Rezepte, die möglicherweise in den Mantel von Visionen gekleidet sind. Die Arbeit an einer neuen Bundesverfassung sei dankbar zur Kenntnis genommen; der derzeitige Gärzustand in Politik und Wirtschaft lässt keinen baldigen, abschlussreifen Entwurf erwarten. Wir haben uns jedoch unseres Staates und der Leistungen seiner Mitbürger wahrhaftig nicht zu schämen, wenn wir uns einige Beispiele vor Augen führen.

Versuch einer Standortbestimmung

Vor Jahresfrist gab es in der Schweiz annähernd gleich viel Erwerbstätige wie vor drei Jahren, aber über eine halbe Million mehr als 1980. Die Zahl der erwerbstätigen Frauen hat seit damals um ein knappes Drittel zugenommen. In einer Bevölkerung von rund sieben Millionen Einwohnern leben eine Million Ausländer, ein grösserer Prozentsatz als in jedem Staat der Europäischen Union (EU) Schweizer Firmen beschäftigen im Ausland 1,4 Millionen Mitarbeiter, davon sind zwei Drittel industrielle Arbeitsplätze oder 18 Prozent mehr, als es industrielle Arbeitsplätze in der Schweiz gibt. Allein von 1990 bis 1995 haben Schweizer Unternehmen über 300 000 Stellen im Ausland geschaffen und damit die internationale Konkurrenzfähigkeit des schweizerischen Mutterhauses verstärkt. Die Brutto-Wertschöpfung der Schweizer Banken in Prozenten des Bruttoinlandsprodukt (BIP) gemessen, hat sich seit 1980 mehr als verdoppelt. Zugleich hält der Trend zu unseren Banken ungeachtet aller Anfeindungen an.

Traditionelle Bindungen und andere Gründe haben bisher an den auf dem Warenverkehr basierenden Kapitalströmen wenig geändert. Das Handelsvolumen der Schweiz mit der Bundesrepublik Deutschland entspricht ungefähr drei Vierteln des Umsatzes, den Deutschland mit den USA erwirtschaftet. Die Schweiz ist nach den USA der zweitwichtigste EU-Kunde und deren drittwichtigster Warenlieferant. Kein Grund also, sich bei den EU-Sonderverhandlungen der Schweiz in Brüssel in einer Bittstellerrolle zu wähnen.

Die Globalisierung mit ihren Chancen und Risiken wird nicht übersehen. Auch kleine und mittlere Unternehmen bearbeiten vermehrt die überseeischen Märkte. Sie schaffen 80 Prozent des BIP, 80 Prozent der jährlichen Lehrstellen und weisen einen ebensolchen Prozentsatz als Anteil an Arbeitsplätzen aus. Es ist zu vermuten, dass Firmen mit über 500 Mitarbeitern in den letzten drei Jahren rund 60 000 Arbeitsplätze abgebaut und Firmen mit weniger als 500 Mitarbeitern ungefähr die gleiche Anzahl Stellen neu geschaffen haben. 1995 wurden 25 000 Firmen neu gegründet und im gleichen Jahr 18 000 gelöscht. (Aus «Die Schweiz im Umbau – nicht im Absturz» von Hans Widmer, «Neue Zürcher Zeitung» vom 11. Januar 1997.) In diesen Zahlen kommt der Strukturwandel der Schweizer Wirtschaft zum Ausdruck. In Forschungszentren des Landes sind bis zu 40 Prozent Ausländer beschäftigt. Englisch ist die Sprache für den Meinungsaustausch in zahlreichen Gremien.

Nach Expertenmeinung ist die Schweizer Industrie jener der EU im Umbau vier bis sechs Jahre voraus, erzwungen von der Aufwertung des Schweizerfrankens. Selbst die öffentliche Hand ist vom Trend zur Rationalisierung und Effizienzsteigerung erfasst. Der Ausdruck vom Lean Management macht die Runde. Weiter geht der von der amerikanischen Heritage Foundation und dem «Wallstreet Journal» für das Jahr 1997 veröffentlichte «Index of Economic Freedom», der seit 1994 jährlich einen Index herausgibt, basierend auf dem wirtschaftlichen Freiheitsgrad in 150 Ländern. Zehn Faktoren werden berücksichtigt, die Schweiz findet sich in dieser Darstellung als die freieste Wirtschaft Europas. Nun, diese Empfindung haben wir von Vorschriften eingeengte Schweizer nicht, aber wir vernehmen gerne die frohe Botschaft.

Der Kampf um die Verteilung der Soziallasten ist entbrannt. Neue Wege sind zu suchen, denn die Verschuldung der Eidgenossenschaft wächst stündlich um eine halbe Million Franken. Es fehlt nicht an radikalen Äusserungen der Sozialpartner, doch bisher fungiert die Schweiz beim Vergleich der durch Arbeitskämpfe verlorenen Arbeitstage (Durchschnitt der Jahre 1970 bis 1990) an letzter Stelle. Ein einziger Arbeitstag pro 1000 Arbeitnehmer ging im Jahresdurchschnitt verloren, während es in Österreich deren sechs und in Deutschland vierzig waren.

Mosaiksteine für ein positives Gesamtbild

Im Jahre 1996 wurden aus der kleinen Schweiz und aus Liechtenstein beim Europäischen Patentamt 1778 Patente angemeldet, mehr als von Grossbritannien und etwa halb so viel wie vom wesentlich grösseren Frankreich. Gemessen an der Kleinheit des Landes bedeuten die sechs Nobelpreisträger der letzten 25 Jahre eine Auszeichnung. An der 34. Berufsolympiade nahmen Kandidaten und Kandidatinnen aus 31 Ländern teil. Die Schweiz errang mit 18 gewonnenen Medaillen die meisten Auszeichnungen. Diese knappe Darstellung liefert die Mosaiksteine zu einem keineswegs negativen Gegenwartsbild. Die Mitteilung, wonach die Elektromotoren, welche das Marsmobil Sojourner auf dem roten Planeten bedienen, von einer Schweizer Firma im Kanton Obwalden produziert werden, fügt sich als kleine, freundliche Ergänzung diesen Fakten bei. Umgekehrt vermerken wir mit Erleichterung, dass der jahrelang von der Presse dramatisch dargestellte «Röstigraben» an Tiefe ganz wesentlich verloren hat. Ein kluges, staatspolitisches Verhalten der Deutschschweizer Mehrheit bleibt dennoch weiter gefordert.

Auch das Shareholder-Value-Denken, dem die Finanzpresse breiten Raum gewährte, wird in der Stille sachte relativiert, langfristige Überlegungen und soziale Momente werden beigefügt. Zwei Neuerscheinungen in den USA, nämlich «Everything for sale – The Virtues and Limits of Markets» von Robert Kuttne und «One World, Ready or Not» von William Greider setzen sich auf kritische Weise mit der ungebundenen, freien Marktwirtschaft auseinander. Die unkritischen Jünger amerikanischer Wirtschaftslehren in unserem Land werden diesen Gedankengängen zweifellos mit zeitlicher Verzögerung folgen.

Der Kleinstaat Schweiz der Zukunft

Die Schweiz steht der EU und dem Euro, der europäischen Währung, weiter fern. Doch für die Bürger dieses Landes steht die Souveränität auf dem Spiel, die im Kleinstaat stets besonders eifersüchtig bewacht wird. Eine von keinem Parlament gewählte und legitimierte Exekutive in Brüssel ist für unseren Begriff der Demokratie ebenso kritisch zu beurteilen, wie die Frage der künftigen stimmenmässigen Gewichtung der kleinen EU-Staaten bei Abstimmungen. Ungeachtet aller Warnrufe von interessierter Seite hat sich bis jetzt der Alleingang der Schweiz wirtschaftlich nicht negativ ausgewirkt. Kritische Fragen sind durch insgesamt sieben Sondervereinbarungen mit der EU geregelt worden.

Die einst auch von alliierter Seite gerühmte und genutzte Schweizer Neutralität ist uns jüngst zum Vorwurf gemacht worden. Doch welches ist unsere Alternative? Wir sind der Organisation «Partnership for Peace» beigetreten, der auch

Russland angehört, halten uns aber vom Natobündnis fern. Die Nato ist ein Gebilde des Kalten Krieges, vor einem halben Jahrhundert entstanden, und eines modernen Konzeptes entbehrend. Europäische Staaten haben ihre Militärmaschine zahlenmässig stark abgerüstet, rufen aber gleichzeitig der amerikanischen Militärhilfe. Wird die amerikanische Supermacht nicht irgendwann und in irgendeiner Form Gegenrechnung stellen, die wir Europäer zu begleichen nicht gewillt sind?

Fragezeichen begleiten uns auf unserem Weg in die Zukunft. Können wir Schweizer im Falle eines politisch effektiven Zusammenschlusses Europas diesem Gebilde fernbleiben? Ist das geringe Volumen unserer Währung, gemessen an US-Dollar, Euro und Yen, zu klein, um uns in Zeiten von Währungsturbulenzen vor Exzessen zu bewahren? Wird im internationalen Konkurrenzkampf, zumindest im Finanzbereich, nicht letzten Endes beim Zusammenprall der Interessen die breite geographische und politische Basierung entscheidend sein? Werden die internationalen Konzerne nicht schrittweise nationale Souveränitäten (und damit auch jene der Schweiz) aushöhlen und eine neue, noch kaum in den Konturen erkennbare Weltordnung schaffen? Wird die in den USA feststellbare Zusammenfassung von Kapitalien in Milliardenhöhe nicht im Zeichen der freien Marktwirtschaft und der Liberalisierung zu einer Bedrängung unserer Volkswirtschaft führen? Wie sagte schon Sandy Weill, Chef des US Finanzkonzerns Travellers Group, kurz bevor er den Zusammenschluss mit der bis dahin zweitgrössten US-Bank City Corp verkündete: «Ich werde die Welt verändern.» Die Fragen sind gestellt, die Antworten gilt es für den Kleinstaat Schweiz im Glauben an unsere Zukunft und im Bewusstsein unserer Stärken und unserer Geschichte neu zu definieren.

Der Glaube an uns selbst

Die Stoiker der Antike verkündeten zu ihrer Zeit das dauernde Kommen und Gehen, das Panta rhei, und wir sind darin eingebettet. Es ist kein gleichförmiges Fliessen, sondern ein dauerndes Auf und Ab, im Leben des Individuums, der Unternehmungen und der Nationen. Diesem Gesetz können wir uns nicht entziehen und haben immer wieder das Zerbrechen von uns Liebgewordenem, von Traditionen und Gewohnheiten zu akzeptieren. Wir werden zum Überdenken alter Strukturen gezwungen und schaffen auf dem entstehenden Brachland Neues. Krise als Chance. Nur so gewinnen wir an Statur, gleichermassen, ob wir nun an das Individuum oder an eine Nation in der kritischen Bewährung denken. Solche Gedanken stimmen zuversichtlich für unsere Zukunft. Die von einer PR-Firma vor geraumer Zeit herausgegebene Devise, es brauche eine Wendung in den Köpfen, um die Rezession zu beenden, genügt meines Erachtens nicht. Unser Herz ist gefordert, unsere tätige Liebe zu diesem von uns selbst so gern und so oft kritisierten Land. Denn Felsenriffe und Untiefen gefährden die Fahrt der «Helvetia» in die noch ungewisse Zukunft.

Wir dürfen in der vermeintlichen Verteidigung des Kleinstaates nicht in eine politische und gesellschaftliche Abkapselung des Landes und die gedankenlose Bewahrung lieb gewordener Traditionen verfallen. Weltoffenheit ist unsere Chance, auch wenn uns daraus in der Immigrationspolitik schwer lösbare Probleme erwachsen sind. Nach dem Umbruch der europäischen Staaten im Jahre 1848 hat die Schweiz als einziges Land eine liberale Politik realisiert. Diesen Liberalismus als die Anerkennung der Freiheit des Andersdenkenden wollen wir uns erhalten, auch wenn es uns von fundamentalistischer Seite, in Schlagworten und durch persönliche Verunglimpfungen, nicht leicht gemacht wird. Gelassenheit ist gefordert.

Wir brauchen für uns ein neues Selbstvertrauen, den unerschütterlichen Glauben an jene Eigenschaften, die unser Land gross werden liessen, an den Fleiss, die Beharrlichkeit, die Nüchternheit, die Ehrlichkeit, die Risikobereitschaft und den sachbezogenen Kompromiss. Diesem Selbstvertrauen wollen wir jene Demut aus dem Wissen beimischen, dass nicht alles in unserer Hand ist. Ein gnädiges Schicksal möge uns den rechten Weg, ungeachtet aller Irrungen des Tages, finden lassen. Der Basler Historiker Jacob Burckhardt liess einmal verlauten, die Helden, die er am meisten bewundere, seien Ödipus, Herakles und Odysseus, weil sie Ausdauer und Durchsetzungsvermögen «inmitten des Umsturzes» bewiesen hätten. Auf diese Eigenschaften wird es für uns alle in den kommenden Jahren der Turbulenzen und Gärung ankommen.

Einige Bemerkungen zum Strukturwandel der Schweizer Banken (1998)

Je grösser unsere Finanzinstitute werden, desto exponierter sind deren Träger und ihre Geschäftspolitik. Sie befinden sich in einem von der Öffentlichkeit kritisch beobachteten Glashaus und sind entsprechend in ihrer Manövrierfähigkeit eingeschränkt.

Die Fusion zu beängstigenden Gebilden

Zum Abschluss der Wirtschaftsdebatte im Schweizerischen Nationalrat im Januar 1998 sprach Bundesrat Kaspar Villiger über die angekündigte Fusion der zwei schweizerischen Grossbanken Schweizerische Bankgesellschaft (UBS) und Schweizerischer Bankverein (SBV). Bezogen auf die Weltmärkte, führte er aus, brauchten Finanzinstitute eine kritische Grösse. Für die Dimensionen der Schweiz würden daraus fast beängstigende Gebilde entstehen, doch weltweit gesehen sei dies wohl unvermeidlich. Der Bundesrat sei froh, dass sich wenigstens zwei Schweizer Institute zusammengeschlossen hätten und damit der Firmensitz in unserem Land bleibe. Die Verluste an Arbeitsplätzen wurden mit Bedauern vermerkt, ein Gesichtspunkt, der auch in der vorgängigen parlamentarischen Debatte ein besonderes Gewicht hatte. Diese wenig tiefgründige Formulierung unseres Finanzministers ist als eine politisch vereinfachte Stellungnahme am Ende eines zum Teil von wenig Sachkenntnis geführten Meinungsaustausches zu verstehen.

Ursachen und Auswirkungen des Zusammenschlusses zweier Grossbanken sind jedoch gründlicher zu untersuchen. Mit dem Hinweis zur wachsenden Zahl an Arbeitslosen ist es nicht getan. Die Finanzpresse begegnet dem geplanten Vorhaben mit Vorbehalten, die Ansicht der Finanzanalysten ist geteilt. Auch ich will mich in meinen Ausführungen keineswegs als bedingungsloser Anhänger des Finanzplatzes Schweiz in seiner bisherigen Struktur ausgeben. Doch ist der grössere Zusammenhang aufzuzeigen, der sich überstürzende Fluss wirtschaftlicher Entwicklung. Staatspolitischen Überlegungen messe ich im Zeitalter der Globalisierung besondere Bedeutung bei.

Momentaufnahme des heutigen Finanzplatzes Schweiz

Innert dreissig Jahren hat sich die Bilanzsumme der Schweizer Banken, Finanzgesellschaften und Filialen ausländischer Banken inbegriffen, verzwölffacht. Ihre Zahl ist im gleichen Zeitraum von 575 auf 403 zurückgefallen. Nach der Übernahme der Bank Leu durch die Schweizerische Kreditanstalt 1990 und jener der Schweizerischen Volksbank 1993 standen sich noch drei Grossbanken gegenüber. Ihre Zahl hat sich somit in diesem Jahrhundert von acht auf drei (und in Kürze auf zwei) reduziert. Die grossen Verlierer sind die Regionalbanken, Sparkassen, aber auch die Privatbanken. Die Anzahl ausländisch beherrschter Banken hat sich von 91 auf 141 erhöht. Umgekehrt entsteht ein wachsender Gewinnanteil der schweizerischen Grossbanken im Ausland; verwaltet werden nach neuesten Schätzungen insgesamt 2800 bis 3200 Milliarden Franken.

Globalisierung und neue Technologien schaffen ein neues Umfeld. Zuvor nicht gekannte Chancen und Risiken entstehen, beflügelt oder belastet von Schlagworten, die wir allzu rasch in den Mund nehmen. Wir übersehen bei solchen Überlegungen immer wieder den Menschen als das Mass; wir hinterfragen die neuen Begriffe nicht mehr. Ich darf dies nachfolgend etwas konkreter formulieren. Neue Technologien verschaffen uns einen weltweiten Zugriff auf unsere ausländischen Organisationen und Märkte. Das Risk Management vermag theoretisch zentral geführt zu werden, doch der Mensch in seiner ganzen Unzulänglichkeit hat die entsprechende Software geschaffen, geändert und überwacht dermassen die Risiken. Die grossen Verluste amerikanischer und europäischer Banken in Mexiko sind nicht zuletzt darauf zurückzuführen, dass die lokalen Manager, oft aus sehr persönlichen Gründen, allzu optimistische Bilder der mexikanischen Wirtschaft weiterleiteten. Und Ähnliches werden wir mit zeitlicher Verzögerung nach dem Debakel in Südostasien erfahren.

Einst sprach man von der Unternehmenskultur, der Corporate Identity, der Begriff ist wohl nicht mehr zeitgemäss. Erste, negative Folgen der Vernachlässigung des Faktors Mensch machen sich bemerkbar. Die Deutsche Bank verlegt die Leitung des Investment Banking von London nach Frankfurt. Die «Frankfurter Allgemeine Zeitung» schreibt in ihrer Ausgabe vom 14. Januar 1998, konkurrierende Bankiers verglichen das Investment Banking der Deutschen Morgan Grenfell in London mit einer Söldnertruppe, die zwar hochqualifiziert sei, aber zusammengewürfelt allein vor sich hin arbeite.

«Diversifikation» wurde gross geschrieben, heute nennt sich das Zauberwort «Fokussierung». Krankenhäuser und Hotels wurden im Drang nach Grösse erworben, für welche nun umsonst nach Käufern gesucht wird. Kleinere Banken, in einer euphorischen Expansionsphase übernommen, werden ungeachtet früherer Zusicherungen zur Erhaltung der selbständigen Weiterführung schrittweise voll integriert. Ihre organisatorische Einbindung hat vielleicht Mühe gemacht; die Zusammenführung der Datenverarbeitung stellt besondere Probleme, die auch bei dem Zusammenschluss der beiden Grossbanken lange Jahre beanspruchen wird. Man übersieht oder bagatellisiert vielleicht diese Behinderungen auf Führungsebene, denn man will zum Global Player werden.

Global Player im Bankensektor?

Aufbau und Zusammenschlüsse grosser Konzerne auf globaler Ebene sind verständlich, wenn Forschungs- und Entwicklungskosten gestrafft und die Produktionsstätten in Billiglohnländern aufgebaut werden. In diesem Sinne ist wohl die Expansion unserer pharmazeutischen Konzerne oder von Nestlé zu begreifen. Banken dagegen sind Dienstleistungsunternehmen, die ganz verschiedenartige Tätigkeiten ausüben. Das weltweite Emissionsgeschäft hat einen Umfang angenommen, der die Möglichkeiten eines einzelnen Emissionshauses sprengt. Ich selbst habe seinerzeit für Schweizer Städte und Bündner Kraftwerke Privatplatzierungen in der Grössenordnung von 30 bis 50 Millionen Franken durchgeführt. In den ersten Tagen dieses Jahres aber wurden bereits internationale Anleihen von je über einer Milliarde Dollar aufgelegt. Bisher wurden diese gewaltigen Emissionen von einer oder mehreren

Banken federführend übernommen. Drängt sich etwa in diesem Bereich zwangsläufig ein bankmässiger Gigantismus auf? Umgekehrt setzt das Vermögensverwaltungsgeschäft zweifellos keinen grenzüberschreitenden Bankenapparat voraus. Traditionelle Privatbanken, die dieses Geschäft vornehmlich pflegen, wachsen, ungeachtet der übergrossen Konkurrenz, in der Stille ständig weiter.

Der Global Player wird auch in Zukunft, allerorts präsent und allerorts stark, nicht existieren. Daran vermögen selbst die zur Mode gewordenen Ranglisten nichts zu ändern. Dennoch vermag ich der Versuchung nicht zu widerstehen und darf erwähnen, dass das durch die Fusion UBS/SBV entstehende Bankengebilde bezüglich Marktkapitalisierung global an fünfter Stelle stehen wird, in der Vermögensverwaltung im weltweiten Vergleich auf Platz eins zu setzen ist, ebenso im «Private Banking» (vor Credit Suisse). Zwei Bankenkonzerne der kleinen Schweiz im gehobenen Kreis von Banken aus den grossen Staaten wie USA, Japan und Grossbritannien, womit ich einen Hinweis zu staatspolitischen Überlegungen geben möchte.

Da waren's nur noch zwei

Es ist vielleicht etwas despektierlich, wenn ich meine Ausführungen zu den beiden uns verbliebenen Grossbanken mit einem Satz aus «Zehn kleine Negerlein» überschreibe. Ich möchte darauf verzichten, in Anlehnung an jenes Kindergedicht Rückschlüsse für die Zukunft vorzunehmen, aber warum eigentlich ist der Weg zu einer «Mega-Grossbank Schweiz» versperrt? Ausländische Grossbanken werden nach der neuesten Grossbankenheirat in der Schweiz nachziehen und dereinst wohl mit den gleichen wie zur Zeit präsentierten Gründen argumentieren, die «Weltkonkurrenz erfordere eben eine neue Dimension». Liegt in einem solchen Zukunftsgedanken nicht bereits ein Argument gegen die derzeitige Fusion? Globalität, Global Player, Spitzenstellung in der Weltrangliste sind Schlagworte, die sich irgendwann ad absurdum führen werden. Und wenn wir vernehmen, dass an turbulenten Tagen die Devisenumsätze weltweit 2000 Milliarden Dollar betragen und wenn wir sehen, wie im Zeitalter der globalen Interdependenzen die internationalen Organisationen immer wieder überrascht werden, kann man sich fragen, ob dieser Weg nicht schon bald an die Grenzen der freien Marktwirtschaft führen wird.

Zwei Schweizer Grossbanken also werden inskünftig das Geschehen am Finanzplatz Schweiz dominieren. Liegt nicht bereits in dieser Zweiteilung des Bankenplatzes eine unheilvolle Blockbildung zur Zukunft begründet? Man gehört dem einen oder andern Lager an, bildet die eigene Kaderschmiede mit eigenen Lehren aus und sucht schliesslich den Vorsprung vor dem anderen in neuen Geschäftstätigkeiten (zum Beispiel Allfinanz), durch grenzüberschreitende Übernahmen und Zusammenschlüsse und durch neue, geographische Schwerpunkte. Ich erwähnte, dass Grossbanken bis zu 40 Prozent der Erträge im Ausland erwirtschaften; im Zeichen des sich anbahnenden Duells werden es möglicherweise bald über 50 Prozent sein. Internationale Führungsequipen werden nicht zögern, diesen Schritt ins Ausland zu gehen. Wie verhält es sich dann mit den Interessen der nationalen Volkswirtschaft, wenn im Ausland ein höherer Profit lockt?

Gedanken zur Übernahme einer schweizerischen Grossbank durch ein ausländisches Institut sind auf weite Sicht nicht abwegig, wenn sich weltweit alle Finanzgruppen dem Hang zur Grösse hingeben. Noch scheint die derzeitige Grösse unserer Finanzkonglomerate eine solche Möglichkeit Lügen zu strafen, doch welche Macht- und Finanzzusammenballungen bringt die Zukunft? Wir kennen zwar die Vinkulierung der Namensaktien in Verbindung mit Stimmrechtsbeschränkungen, doch schliesst das neue Börsengesetz sogenannte feindliche Übernahmen nicht aus. Geregelt sind im seit dem 1. Januar 1998 geltenden Teil des Börsengesetzes Abwehrmassnahmen gegen feindliche Übernahmeversuche; einen absoluten Schutz stellen sie nicht dar.

Je grösser unsere Finanzinstitute werden, desto exponierter sind deren Träger und ihre Geschäftspolitik. Sie befinden sich in einem von der Öffentlichkeit kritisch beobachteten Glashaus und sind entsprechend in der Manövrierfähigkeit eingeschränkt. Darin liegt vielleicht ein gewisses Korrektiv zum eben verzeichneten Black Scenario. Je globaler unsere grossen Finanzinstitute sind, desto häufiger begegnen sie der amerikanischen Konkurrenz, die sich der ihr eigenen Mittel bedienen wird. Wird es dann letztlich nicht – vereinfacht ausgedrückt – um die Supermacht gegen den Kleinstaat gehen? Und die in den USA üblichen Milliarden-Schadenersatzklagen schaffen ein Damoklesschwert, unter dem vielleicht auch die in jenem Raum gross werdenden Schweizer Finanzinstitute leiden werden.

Blenden wir von diesem pessimistischen Bild globaler Konkurrenz über zu Gedanken, die Daniel Zuberbühler, der von mir sehr geschätzte Direktor der Eidgenössischen Bankenkommission, kürzlich formulierte. Unsere Banken haben sich in der Vergangenheit als Kontrahenten im Interbankengeschäft (Hereinnahme und Verleihung kurzfristiger Gelder) vorwiegend der drei hiesigen Grossbanken bedient. Nun werden diese Banken zur Diversifizierung der Risiken gezwungen sein und diese Geschäfte auch anderweitig durchführen. Potentielle Kontrahenten finden sich zuhauf im Ausland. Zuberbühler spricht wiederholt vom Systemrisiko, dem die global tätigen Grossbanken ausgesetzt sind und schliesst daraus auf die Notwendigkeit einer höheren Eigenmittelausstattung als andere Banken. Ein Gegenargument also gegen eine gesteigerte Rendite auf dem bewusst eng gehaltenen Risikokapital.

Die Aufsicht über die Grossbanken bedarf nach Zuberbühler der Erweiterung. Der Staat kann es sich nicht erlauben, solch grosse Institute fallen zu lassen. Er dürfe aber überhaupt nicht in die Lage kommen, für eine Grossbank einstehen zu müssen. Entsprechend sei die Aufsicht auszubauen, die letzten Endes dazu führe, dass ein von der Eidgenössischen Bankenkommission aufgebautes Team von Fachkräften Kontrollen an Ort und Stelle durchführe. Diese Aussagen sind eindeutig und weisen für die Zukunft auf eine vermehrte Kontrolle und Einengung unserer beiden verbleibenden Institute hin. Es bedarf keinesfalls der Anrufung der Europäischen Union (EU) durch wenig sachkundige Journalisten (Yvonne-Denise Köchlin in der «Weltwoche» vom 18. Dezember 1997), wonach unser Land keine andere Wahl habe, als sich rasch in der EU zu engagieren, die zu grenzüberschreitend agierenden Multis ein Gegengewicht setzen könne.

Meine Zuversicht für die Zukunft des Bankenplatzes Schweiz besteht ungeachtet der eben aufgezeichneten Perspektiven. Neue Bankengruppierungen, wie beispielsweise der Raiffeisenverband, drängen mit Macht ans Licht, andere Banken erfassen frühzeitig sich neu ergebende, profitable Nischen in ihrer Tätigkeit. Sicherlich sind Flexibilität und Kreativität eher in kleineren als in grossen Organismen zu finden. So werden die letzteren zweifellos bald einzelne Tätigkeitsbereiche verselbständigen; neue Gebilde, neue Spezialbanken mit zukunftsgerichteten Tätigkeiten entstehen. Internationale Überwachungen und Richtlinien werden – hoffentlich rechtzeitig – geschaffen, um den globalen Wildwuchs im Finanzbereich einzudämmen. Unsere Chancen stehen gut, wenn wir uns der Begrenztheit unserer Möglichkeiten stets bewusst sind. Der von mir sehr geschätzte ehemalige Chef von Robert Bosch in Stuttgart, Dr. Ludwig Walz, sagte mir als jungem Bankier wenige Jahre nach Kriegsende in Stuttgart: «In der Geschichte korrigiert sich immer wieder alles aus sich selbst!» Diese Zuversicht soll uns, auch auf andern Gebieten, in die nächsten Jahre begleiten.

Die Banken der Bahnhofstrasse –
ein Exkurs in die Historie (1996)

> *Von der Idylle zum musealen Erinnerungsstück ist es ein kleiner Schritt. Die Bankengeschichte, wie ich sie am Beispiel der Zürcher Bahnhofsstrasse zu explizieren versuche, gibt uns eine beherzigenswerte Lehre: Es gibt keine absolut sicheren Geschäfte.*

Eine Liebeserklärung

Lassen Sie mich mit einer Liebeserklärung beginnen: Ich liebe die Zürcher Bahnhofstrasse im hellen Grün der sprossenden Linden und beim Fallen der Blätter an grauen Novembertagen.

Sonntägliche Wanderungen führen mich zum Brunnen im Kappelerhof, lassen mich immer wieder die klassizistische Fassade der Schweizerischen Kreditanstalt am Paradeplatz bewundern und voll Neugier auf die prachtvollen Auslagen unserer Geschäfte blicken. Diese Bahnhofstrasse kann sich keiner grossen repräsentativen Plätze rühmen, sie ist keineswegs der breite Boulevard, den die Chronisten priesen, und die beiden Knicke am Rennweg und weiter oben gegen den See verwehren einen Blick in die Tiefe.

Dichter haben die Strasse, je nach Stimmungslage und politischer Einstellung, gerühmt oder geschmäht. «Paläste des Hochkapitalismus» sind keine zu finden: die Schweizerische Kreditanstalt logiert mit dem Hauptsitz immer noch am Paradeplatz und hatte anfänglich sogar einige Wohnungen vermietet. Die Schweizerische Bankgesellschaft hatte während des Ersten Weltkrieges von der Familie Schinz deren Villa zum Grabengarten mit Weiher gekauft und auf diesem Gelände 1917 den «Münzhof» bezogen, der bis heute Hauptsitz geblieben ist. Der bauliche Drang nach oben ist – beispielsweise ganz anders als in Frankfurt – begrenzt. Banken haben in ihrer Tätigkeit das Domizil öfter von der Bahnhofstrasse in anliegende Strassen und wieder zurück gewechselt, vom Wechsel der Geschäftspolitik ganz zu schweigen. Immer geblieben ist das Vertraute, Übersichtliche, oft etwas Enge.

Kaiserliche Visiten und demonstrierende Frauen

Die Zürcher Bahnhofstrasse ist ein Kristallisationspunkt schweizerischer Geschichte, nicht nur die Idylle ist anzutreffen. «So harren viele Zehntausend zwei Stunden lang auf die Anfahrt des hohen Gastes. Und ein Stimmengewirr, wie das Rauschen einer Wasserflut, braust die Strasse entlang… Die Spaliere sind bis auf acht Reihen angewachsen, die Fenster und Balkone dicht besetzt. Ihrer viele kommen mit Leitern, Kisten und Stühlen angerückt, um sich so einen erhöhten Standort zu verschaffen. Um fünf Uhr kommt Bewegung in die Menge: Der Kaiser naht! Das Brausen und Wogen schwillt an und geht in Zurufe über.» (Aus der «Neuen Zürcher Zeitung» vom 4. September 1912.)

Wie sah es an der Bahnhofstrasse sechs Jahre nach dem enthusiastischen Empfang des deutschen Kaisers aus? «Am 11. Juni 1918 zog unter der Führung der in dieser Zeit ausserordentlich tätigen und populären Rosa Bloch eine Demonstration von 2000 Frauen vor das Rathaus und verlangte sofortige Beschlagnahmung aller Lebensmittel... Am 14. Juni demonstrierten auf dem Münsterplatz 15 000 Menschen – unter Aufsicht von zwei Kompanien Schützen – zur Unterstützung der Forderungen der Frauen.» (Aus «Zürich während Krieg und Landesstreik», Fritz Brupbacher.) Es folgten in Zürich Kellnerstreiks und ein Streik des Theaterpersonals, am 30. September legten die Bankangestellten die Arbeit nieder. Im Generalstreik vom November 1918 waren sämtliche Zürcher Grossbanken auf deren Wunsch von Militär belegt (aus dem Bericht von Oberstdivisionär Sonderegger über den Ordnungsdienst in Zürich). Solche Szenen um die Zürcher Bahnhofstrasse lassen sich mehren; eine Bühne für das Geschehen in der Schweiz und im übrigen Europa.

Pioniere und Kleinmütige

Das Quellenmaterial zur Planung und zum Bau der Bahnhofstrasse, ehemals bescheiden Fröschengrabenstrasse genannt, ist gewaltig. Bankgeschichten liegen in grosser Zahl vor, eine Auswahl einzelner Finanzinstitute ist zu treffen, repräsentativ für andere Banken, womit keinesfalls eine Bevorzugung oder Benachteiligung verbunden sein soll. Dr. Adolf Jöhr, damals Generalsekretär der Schweizerischen Nationalbank und später Präsident der Generaldirektion der Schweizerischen Kreditanstalt, hat 1915 ein ausgezeichnetes Buch, betitelt «Die Schweizerischen Notenbanken 1826 bis 1913» publiziert. Das heute noch lesenswerte Werk hat mir den Entschluss erleichtert, auf die Darstellung der Schweizerischen Nationalbank in Zürich ohne schlechtes Gewissen zu verzichten.

Wir klagen, wie langsam in unseren Tagen die behördlichen Mühlen mahlen und blicken neidvoll auf die Gründerjahre des letzten Jahrhunderts zurück, nur zum Teil zu Recht. Die Gründungsanstrengungen für die Zürcher Kantonalbank beispielsweise gingen auf 35 Jahre zurück. Der Börsenverein Zürich, hervorgegangen aus dem «Kaufmännischen Kuratorium» der

Börsensensale, führte ab 1855 wöchentliche Versammlungen durch, bis schliesslich 1877 der Effektenbörsenverein Zürich gegründet wurde. Sieben Jahre später schuf der Staat das erste Zürcher Börsengesetz. Und umgekehrt überraschen uns unsere Vorväter immer wieder mit risikobehafteten Pionierleistungen, begleitet von warnenden Stimmen der Kleinmütigen. 1856 wurde die Gasbeleuchtung Zürichs eingeweiht. Anlässlich des 25-Jahr-Jubiläums erklärte der Direktor des Gaswerkes unter anderem: «Den zweiten Konkurrenten, das elektrische Licht, haben wir für Zürichs Verhältnisse nicht zu fürchten. Der Aufwand ist zu gross, die Sicherheit zu klein. Zürich ist nicht der Ort, an dem man für eine solche Luxusbeleuchtung so viel Geld ausgeben wird.» Schon ein Jahr zuvor (1880) begann die Zürcher Telefongesellschaft mit dem Ausbau eines 200 Abonnenten umfassenden Telefonnetzes, der ersten öffentlichen Fernsprechanlage des Kontinents.

Der liberale Aufbruch nach 1830

In unserer Zeit der Bedrängnis ist es tröstlich, die Geschichte und das Umfeld der Zürcher Bahnhofstrasse zu studieren. Durch welche politischen und wirtschaftlichen Schwierigkeiten sind unsere Vorväter gewatet, wie viele Banken des 19. Jahrhunderts haben überlebt? Wer erinnert sich angesichts der Finanzmisere der Stadt Zürich im Jahre 1920, dass am 8. Oktober jenes Jahres der Grosse Stadtrat nach fruchtlosen Verhandlungen mit den Zürcher Banken in den USA eine Anleihe von sechs Millionen Dollar zum Zinssatz von acht Prozent bei einem Übernahmepreis von 91,5 Prozent kontrahierte? Verständnis für jene Zeit, in der die Banken, die heute die Bahnhofstrasse säumen, entstanden, ist nur aus dem einmaligen Umfeld von damals möglich.

Lassen wir die bis ins Spätmittelalter zurückreichende Tätigkeit der vorwiegend aus Asti stammenden Lombarden und der Juden, die bald ins Bürgerrecht aufgenommen, bald vertrieben wurden, beiseite, um den in Zürich mit dem Ustertag 1830 einsetzenden liberalen Umbruch annähernd zu erfassen. Zürich hatte 1810 nur 19 000 Einwohner (wovon etwas mehr als zwei Prozent Ausländer), um 1900 waren es schon 200 000. Baumwollspinnereien und -webereien bildeten bis 1870 die damalige Wachstumsbranche. Zürich entwickelte sich zum zweitgrössten Seidenstoffproduzenten der Welt, bezogen auf den Welthandel überflügelte Zürich sogar den Spitzenreiter Lyon (aus «Geschichte des Kantons Zürich im 19. und 20. Jahrhundert»). «Das Volk war noch sesshaft, nur 100 000 Schweizer waren ausserhalb ihres Heimatkantons ansässig (1837). In den zehn grösseren Städten wohnten rund 140 000 Menschen, bedeutend weniger als heute in Zürich allein. Es galten in der Schweiz elf verschiedene Arten Füsse, 60 verschiedene Ellen, 87 Getreidemasse und 81 Flüssigkeitsmasse. Im Geldumlauf herrschte für die groben Sorten deutsches und französisches Geld vor. Die Kantone hatten nur wenig vollwertiges Silbergeld geprägt, dagegen grosse Mengen von Scheidemünzen, man rechnete nach elf verschiedenen Währungen, wovon die wichtigsten waren: der Schweizer Franken, der französische Franken, der Zürcher Gulden und der Reichsgulden.» (Aus «Die schweizerischen Notenbanken 1826 bis 1913», Dr. Adolf Jöhr.)

Der liberale Aufbruch setzte neue Horizonte. Eine bürgerliche Klasse drängte nach vorn, suchte Weite in jeder Hinsicht, das Fallen der städtischen Bollwerke, von der Landschaft immer wieder angemahnt und in der Stadt hinausgezögert, hat Symbolcharakter. Die schon bestehenden fünf privaten Banken Zürichs befassten sich mit dem Kontokorrent- und Wechselgeschäft. Die zuvor mit Stolz vom Unternehmer gepflegte Selbstfinanzierung genügte nicht mehr, Kreditbanken waren gefragt. Für den kleinen Mann, seine Kreditbedürfnisse und Ersparnisse, war bereits 1805 im ersten Stock der «Engelsburg» an der Kirchgasse 27 die Sparkasse der Stadt Zürich entstanden. Gemeinsam war diesen Gründungen die höchst einfache personelle und räumliche Ausstattung: So verfügte die ursprünglich «Zinstragende Ersparungskasse für alle Stände der Einwohner des Kantons Zürich» genannte Sparkasse der Stadt nur über wenige Mitarbeiter, die, je nach dem Grad ihrer Mühewaltung, 1830 erstmals ein kleines Gehalt bekamen. Die Besoldungsauslagen beliefen sich in den dreissiger Jahren auf ungefähr 1100 bis 1400 Franken pro Jahr (aus «Die Sparkasse der Stadt Zürich 1805 bis 1949», Hans-Rudolf Rahn). Ehrenamtlich tätige Einnehmer zur Entgegennahme von Spargeldern versahen die persönliche Belehrung und Aufklärung der breitesten Bevölkerungsschichten. Selbst zwei Schriftsteller, Christoph Bernoulli und Eduard Sulzer, wurden zu beredten Werbern dieser Sparkasse, die später an die Poststrasse, dann an die Fraumünsterstrasse/Kappelergasse (1922–1945) und schliesslich als Nachfolgerin der 1945 verschwundenen Basler Handelsbank in die alte Börse an der Bahnhofstrasse 3 dislozierte, um vor knapp sechs Jahren von der Zürcher Kantonalbank übernommen zu werden.

1798 – vom reichen Onkel zum armen Bruder

1798 fiel das alte Regime. Die «befreienden» Franzosen befreiten Zürich von seinem Staatsschatz (eine Million Gulden) und mittels einer Zwangsanleihe die Kooperationen und die Privaten von 800 000 Pfund Bargeld. Und da die ausländischen Papiere zum grössten Teil wertlos wurden, der Warenabsatz stockte und die Aussenstände überall «einfroren», wurde aus der einst «an allen Gütern so reichen» Stadt ein sozusagen über Nacht arm gewordenes, mit schweren Sorgen beladenes Gemeinwesen ... (aus «Die Anfänge des Bankwesens in Zürich», Dr. Hans Nabholz). So erwuchs auch für die Staatsbank Leu & Companie, die zuvor mit ihren «Rathausobligationen» beträchtliche Kapitalien angezogen hatte, die sie in London, Paris, Wien, Hamburg, Leipzig, Bozen, Genua und Kopenhagen anlegen liess, eine neue Situation. Die Obrigkeit griff zur Vermeidung eines allgemeinen Zusammenbruchs mit öffentlichen Mitteln und durch Vermittlung der Bank Leu kräftig ein. Ein Wuchergesetz wurde eingeführt, der seit der Reformation geltende Maximalsatz von fünf Prozent wurde bestätigt.

Jene kleine Episode der bei Anselm Rothschild in Frankfurt im Jahre 1848 eine Anleihe über fünf Millionen begehrenden eidgenössischen Delegation, die mit einem negativen Bescheid heimkehrte, widerspiegelt den geringen Goodwill, den die junge Eidgenossenschaft genoss und die im Land fehlenden Kapitalien. Erst nach sechsmonatiger Dauer war diese Anleihe innerschweizerisch voll gezeichnet, gedeckt durch erste und bei der Kantonalbank von Bern hinterlegte Hypotheken.

Die «Bank in Zürich»

Bevor wir uns dem in zwei Etappen erfolgten Ausbau der Zürcher Bahnhofstrasse und der wachsenden Internationalität des sachte entstehenden Finanzplatzes Zürich zuwenden, noch einige Worte zu einem heute vergessenen Vorläufer der Grossbanken aus der ersten Hälfte des 19. Jahrhunderts, der Bank in Zürich. Die Diskussion über den Ausbau des Bankensystems begann im Vorstand der 1835 errichteten staatlichen Handelskammer, der Nachfolgerin des «Kaufmännischen Direktoriums». Die Kammer rief in Verbindung mit den Seiden- und Baumwollfabrikanten zur Zeichnung des Aktienkapitals von einer Million Zürcher Gulden für die Bank in Zürich auf. Das Aktienkapital wurde innert acht Tagen von Privaten ganz gezeichnet. Von den Zeichnern jedoch waren nur ein Drittel Einheimische, mehrheitlich Unternehmer der Baumwoll- und Seidenbranche. Mehr als zwei Drittel waren Frankfurter, Mailänder, Genfer und Pariser Kaufleute.

Am 5. Juni 1837 eröffnete die Bank ihre Geschäfte im ersten Stock der Meisenzunft. Im Volksmund hiess sie daher die «Meisenbank». Direktor wurde der damalige Staatsschreiber, der Staatskassier vertauschte die Staatskasse mit der Bankkasse. (Dieser Übergang vom Staatsdienst in die Privatwirtschaft findet sich später ausgeprägter bei der Eidgenössischen Bank, die auf Betreiben und unter Leitung des zurücktretenden Bundesrats Stämpfli entstand.) Im Herbst 1871 erwarb die Bank in Zürich zum Preis von 85 000 Franken einen Bauplatz an der Bahnhofstrasse, worauf bis 1874 das Bankgebäude erstellt wurde; die gesamten Kosten inklusive Bodenpreis beliefen sich auf 540 000 Franken. Es handelt sich um die Bahnhofstrasse 36/Ecke St. Peterstrasse, heute Bank Bär.

1890/91 war in der Chronik der Bank in Zürich, aber auch manch anderer Bank, ein schwarzes Jahr: Ein renommiertes Londoner Bankhaus brach zusammen, die Rückwirkungen waren auf dem Kontinent zu verspüren. Mit dem Gerücht, das Eidgenössische Eisenbahndepartement unterhandle mit einer Gruppe deutscher und schweizerischer Banken über den Ankauf von 50 000 Aktien der Schweizerischen Zentralbahn, setzte eine euphorische Bewegung in schweizerischen Eisenbahn- und

Bankaktien ein, die weite Kreise des Publikums ergriff. Das spekulative Gebäude brach zusammen, als sich das Gerücht nicht realisierte. Wohl nie vorher, sagt der Bericht über Handel und Industrie der Schweiz im Jahre 1891, sei das Privatpublikum im Verhältnis zu den Geschäftstreibenden bei einem finanziellen Zusammenbruch in so hervorragender Weise beteiligt gewesen.

«Am ärgsten mitgenommen wurden aber die Banken…» (aus «Bank in Zürich 1836 bis 1901», Dr. Werner Bleuler). So entwickelte sich die Bank in Zürich mit wechselndem Erfolg in den folgenden Jahrzehnten. «Sie hielt unter den schweizerischen Notenbanken stets eine führende Stellung; während Jahrzehnten war sie das bedeutendste derartige Institut unseres Landes.» (Nach Werner Bleuler.) 1905 wurde die Bank von der Schweizerischen Kreditanstalt übernommen. Schon damals spielte als einer der Beweggründe der Übernahme mit, dass zu jenem Zeitpunkt die Bank in Zürich mit einem andern Finanzinstitut Fusionsverhandlungen führte. Es galt zuvorzukommen.

An der Wiege der Grossbanken

1835 begann mit der «Minerva» die Dampfschiffahrt auf dem Zürichsee, 1847 entstand die «Spanisch Brötlibahn», der Gedanke eines schweizerischen Eisenbahnnetzes fasste Fuss und rief nach Finanzinstituten eines neuen Zuschnitts mit entsprechender Kapitalkraft. 1854 wurde die Schweizerische Kreditanstalt als erste schweizerische Grossbank gegründet, ausgestattet mit einem Aktienkapital von 15 Millionen Franken, wovon die Leipziger Kreditanstalt 50 Prozent zeichnete. Sie logierte bescheiden in den «Tiefenhöfen» am heutigen Paradeplatz (1856 bis 1858 sowie 1868 bis 1876) und an der Poststrasse (1858 bis 1868). Es war in jenen Jahren, als Zürich Strassennamen und Hausnummern einführte.

Anstelle einer Schilderung der Erfolgs- und Leidensgeschichte der schliesslich acht Grossbanken beschränke ich mich, stellvertretend für die andern, auf die Ursprünge der Schweizerischen Bankgesellschaft. Ebenso reizvoll darzustellen wäre der Weg der 1864 gegründeten Eidgenössischen Bank, hat doch dieses Institut in den ersten Jahren unerfreuliche Episoden durchlebt. Fünf Jahre nach der Gründung führten die Millionenunterschlagungen des Kassiers Schär zu einer existenzbedrohenden Situation, aus welcher nur der Sukkurs von Pariser Freunden helfen konnte. Und Ende der siebziger Jahre, als auf industriellen Krediten grosse Abschreibungen vorzunehmen waren, machte diese Bank erneut eine schwere Krise durch. Doch zurück zur Schweizerischen Bankgesellschaft: Zwei Tage nach dem erwähnten Besuch des deutschen Kaisers in Zürich gab die «Neue Zürcher Zeitung» eine Mitteilung der Bank in Winterthur wie folgt wieder: «Zu dem bereits gemeldeten Beschluss der Verwaltungsräte der Bank in Winterthur und der Toggenburger Bank, die die Fusion dieser Institute betreffen, vermerken wir noch folgendes: Die Verschmelzung der beiden Banken erfolgt mit Wirkung ab 1. Januar 1912 in der Weise, dass beide in eine neue Bank übergehen unter dem Namen ‹Schweizerische Bankgesellschaft›, vormals Bank in Winterthur und Toggenburger Bank.»

Die Bank in Winterthur war von den wohlhabenden, eingesessenen Bürgern jener Stadt 1862 mit einem Aktienkapital von 3,75 Millionen Franken gegründet worden. Die Emission wurde fünfzigfach überzeichnet. Erste Erfolge traten ein, Fehlschläge häuften sich. Die Winterthur Versicherung wurde gegründet, aber auch der Schweizerische Lloyd als Transportversicherungsgesellschaft für den Baumwollhandel, die vorübergehend zur grössten Transportversicherung auf dem Kontinent wurde. In den siebziger Jahren geriet diese Versicherung in die Turbulenzen des Baumwollmarktes und wurde liquidiert. Es folgten industrielle Beteiligungen, der Eisenbahnbau lockte.

Mit der Schweizerischen Nationalbahn sollte parallel zum Netz von Alfred Eschers Nordost-Bahn eine nationale Haupttransversale unter Umgehung der Städte Lausanne, Bern und Zürich erbaut werden. Die Sanierung liess nicht lange auf sich warten und mündete 1879 in die Schweizerische Eisenbahnbank mit Sitz in Basel ein. An diesem Rettungsprojekt war auch die Schweizerische Kreditanstalt beteiligt. Zu Beginn der achtziger Jahre waren die Reserven der Bank erschöpft. Auf eine Dividendenauszahlung wurde verzichtet. 1887 wurde das Aktienkapital von 15 auf 12 Millionen Franken herabgesetzt und gleichzeitig für zwei Millionen Franken Vorzugsaktien geschaffen.

Die Elektrifizierung der Schweiz rief um die Jahrhundertwende der Schaffung rechtlich unabhängiger Finanzierungsgesellschaften. So entstand 1895 unter der Regie der Kreditanstalt die Bank für elektrische Unternehmungen (später Elektrowatt) und unter der Obhut der Bank in Winterthur im gleichen Jahr der «Motor» (nach einer Fusion ab 1923 Motor Columbus). Der Schweizerische Bankverein rief die Südelektra und die Basler Handelsbank die Indelec ins Leben.

Winterthur litt während Jahrzehnten unter dem Nationalbahnfiasko. So war es verständlich, wenn die Bank in Winterthur 1906 einen Geschäftssitz an der Zürcher Bahnhofstrasse Nr. 44, gegenüber ihrem heutigen Standort, eröffnete. Sie übernahm die Filiale der Bank in Baden und erhielt damit einen Zugang zur Zürcher Börse. Sechs Jahre später schloss sie sich mit der Toggenburger Bank zusammen, deren St. Galler Filiale 1886 aus personellem Versagen grosse Verluste erlitten hatte. Die Abhängigkeit dieses Instituts von der Textilindustrie erwies sich als schwerwiegender Fehler. 1913 ging die Führung der Aargauischen Kreditanstalt an die Schweizerische Bankgesellschaft über. Auf das in Zürich gewählte Domizil habe ich bereits vorher hingewiesen.

Aus Acht wird Drei

Welche von den einstmals acht und nun nur noch drei schweizerischen Grossbanken bedürfen noch der Erwähnung? Die Basler Handelsbank, in der Banken-Gründerperiode 1862 in Basel mit einem Gesellschaftskapital von 20 Millionen Franken (wovon die Hälfte einbezahlt) entstanden, hatte einen fulminanten Start. Das Kapital wurde 150mal überzeichnet, doch bald flauten die Geschäfte ab, und der Krieg zwischen Preussen und Österreich erschütterte das gesamte Kreditwesen. Das Kapital wurde auf acht Millionen reduziert, doch kurz darnach brach, von Wien ausgehend, 1873 eine starke Wirtschaftskrise aus, die ganz Europa und die USA erschütterte. Der Geschäftsverlauf entwickelte sich wechselvoll, immerhin wurde 1904 eine vom Schweizerischen Bankverein vorgeschlagene Fusion abgelehnt. Im Gegenteil: Nach jahrzehntelanger geographischer Beschränkung wurde 1908 in Zürich und 1917 in Genf eine

Niederlassung errichtet. (In Zürich finden wir die Bank in einem 1883 erbauten Wohnhaus an der Bahnhofstrasse 37, später an der Bahnhofstrasse 3). Die Ergebnisse der Zwischenkriegsjahre veranlassten die Bankleitung, einen Fälligkeitsaufschub zu beantragen. Der Zusammenbruch des Deutschen Reiches führte 1945 zu derartigen Einbussen, dass eine Stundung bewilligt wurde; der Schweizerische Bankverein übernahm das Institut, das schliesslich 1991 an die Genfer Harwanne-Gruppe überging.

Das Ende des Comptoir

Der älteren Generation ist noch das traurige Ende der Schweizerischen Diskontbank – in der Börsensprache «Comptoir» genannt – präsent, deren Anfänge auf das Jahr 1855 zurückgehen. Sie war als Genfer Handelsbank mit lokaler Bedeutung konzipiert, später geographisch ausgebaut (beispielsweise Filiale an der Bahnhofstrasse 5) und von den schon mehrfach erwähnten Weltkrisen erfasst worden. Der Zusammenschluss mit Genfer Finanzinstituten bewirkte die Umfirmierung zur Schweizerischen Diskontbank. Fusionen und Übernahmen fruchteten nicht viel; die sich über Jahre erstreckende Hilfe anderer Grossbanken, der Schweizerischen Nationalbank, der Darlehenskasse der Schweizerischen Eidgenossenschaft, aber auch des Bundes selbst, vermochten den Patienten nicht zu retten. Den Unterlagen zur Sanierung von 1932 ist beispielsweise zu entnehmen, dass die grossen Schuldner vorwiegend Syndikate und Gesellschaften waren, die mit der florierenden Holzspekulation in den Balkanstaaten in Geschäftsbeziehungen standen. Die Hälfte des bankeigenen Wechselportefeuilles war ungarischen Ursprungs. Im Eigenbestand wurden gewaltige Nonvaleurs aufgeführt.

Am 30. April 1934 wurden die Schalter endgültig geschlossen, nachdem der damals ebenfalls nahezu bankrotte Kanton Genf sich früherer Unterstützungsversprechen nicht mehr erinnern wollte (aus «Der Zusammenbruch und die Liquidation der Schweizerischen Diskontbank», Werner Scheuss). – Gespräche mit entlassenen Mitarbeitern des Comptoir in Zürich sind meine ersten Bankerinnerungen.

Internationalität als Tradition

Zürich war wohl schon immer eine merkwürdige Mischung zwischen Gottfried Kellers Seldwyla und einer Weltstadt. Ausleihungen, vorwiegend von vermögenden Städten, gehen bis ins 14. Jahrhundert zurück. Bereits kurz nach der Gründung des amerikanischen Bundesstaates übernahm die Bank Leu einen Posten amerikanischer Regierungsanleihen. Dramatische Entwicklungen auf den Finanzplätzen Wien und Paris schlugen sich in Zürich im Börsengeschehen nieder. Schweizerische Eisenbahnaktien waren an den deutschen Börsen kotiert; die Mehrzahl dieser Aktien soll zeitweise in deutschen Händen gelegen haben. Die französischen Goldmünzen ersetzten die zufolge der Silberhausse aus dem Handel verschwundenen Silbermünzen des jungen Bundesstaates; logische Folge war 1866 die Gründung der lateinischen Münzunion, welche Frankreich, Belgien, Italien und die Schweiz umfasste.

Zweifellos verstärkte sich der ausländische Einfluss angesichts der Immigration um die Jahrhundertwende. Der Anteil der Ausländer verdoppelte sich von 1880 bis 1910 von 7,5 auf 15 Prozent der Bevölkerung. Urner schildert in seinem Buch «Die Deutschen in der Schweiz» eindrücklich, welches Gewicht Deutsche im wissenschaftlichen und wirtschaftlichen Bereich dieses Landes gewannen. Als an der Ecke Bahnhof-/Börsenstrasse die Börse projektiert wurde, stand der Bau eines Kuppeldaches zur Diskussion. Man stritt unter anderem über den Einfluss des Windes auf die Sicherheit der Kuppel. Entschieden hat das Gutachten Ludwig von Tetmejer, der bis Oktober 1876 in der Slowakei im ungarischen Heer gedient hatte, das Projekt positiv beurteilte und bereits 1881 Direktor der Eidgenössischen Festigkeitsprüfungsanstalt, der heutigen EMPA, wurde. Eines von vielen Beispielen, das mir bemerkenswert für den hierzulande oft übersehenen befruchtenden Einfluss von Wissenschaftlern aus dem Osten Europas und für deren damalige rasche Akzeptanz in der Schweiz scheint.

Menschliches und allzu Menschliches

Alfred Escher war die dominante Figur bei der Entwicklung des späteren Finanzplatzes Zürich. Licht und Schatten halten sich die Waage. Selbst sein gegen die Bahnhofstrasse gerichtetes Monument am Bahnhofplatz wird ihm von seinen Gegnern als Abwendung von den Arbeiterquartieren angekreidet. Neben und nach ihm haben unzählige Persönlichkeiten an der Gestaltung und der Bedeutung der Zürcher Bahnhofstrasse im grossen wie im kleinen gewirkt. Um die Jahrhundertwende erst wurde die Bahnhofstrasse zu einem Geschäftszentrum. Zahlreiche Wohnungen wurden in Geschäftsräume verwandelt. Im Ersten Weltkrieg wurden die letzten der alten Landhäuser abgebrochen. 1923 setzte die Schweizerische Volksbank mit einem Neubau anstelle eines nur dreissig Jahre zuvor erstellten Geschäftshauses einen neuen Akzent (Bahnhofstrasse 53). Guggenheim beschreibt in «Alles in allem» jene Atmosphäre, wie auch die gesellschaftlichen Verbindungen und Mesalliancen der Börsianer.

Oft verliessen die Börsenhändler ihr Büro, um auf dem Weg zur Börse noch die ersten Aufträge irgendwo an der Bahnhofstrasse oder am Paradeplatz zu ergattern. Man traf sich vorbörslich in den Börsencafés und erinnerte sich dunkel, dass es dereinst eine Orsinibörse für den nachmittäglichen Handel gab. Man fand sich nach Geschäftsschluss in der «Rebe» in Gassen ein, um diese nach mehreren Stunden mit rotem Kopf zu verlassen. Diese Generation der alten Börsianer ist verstorben. Auch der letzte Privatbankier alten Stils lebt seit langem nicht mehr. Ich denke an den Bankier Rinderknecht, der täglich gegen Mittag in gestreifter Hose mit steifem Hut und Spazierstock mit Silberknauf zur Börse kam, sich über den Stand der Dinge vergewisserte, um anschliessend nach einem guten Mittagessen mit seinen Freunden bis gegen Abend zu skaten.

Nein, die Formen sind weniger wichtig geworden. Der Börsenhändler hatte während der Sitzung stets Krawatte und Jacke zu tragen, andernfalls wurde er auch in sommerlicher Hitze weggewiesen. Persönliche, familiäre Kontakte wurden gepflegt. So entnehme ich dem Jubiläumsbuch der Bank Bär, dass das Verhältnis unter den drei Brüdern Bär der zweiten Generation sehr eng war. Sie trafen sich mit ihren Gattinnen jeden

Sonntagabend im Zürcher Bahnhofbuffet zum Abendessen, und jeden Tag sassen die drei Ehepaare zum Nachmittagstee in der Konditorei Chardon, wo sich heute eine Bindella-Gaststätte befindet.

Die Effektenbörse unter staatlicher Aufsicht

Kaum hatte der Effektenbörsenverein Zürich das neue Gebäude an der Bahnhofstrasse 3/Börsenstrasse bezogen, als üble Entwicklungen zur Schaffung eines kantonalen Wertpapiergesetzes mit behördlicher Aufsicht führten. Die Börsenagenten und Effektensensale, wie sie damals hiessen, liessen sich dies nicht gefallen: Der Effektenbörsenverein wurde aufgelöst, die täglichen Börsensitzungen suspendiert. Erst am 1. April 1884, nach drei Monaten Unterbrechung, wurden die Geschäfte – diesmal unter staatlicher Aufsicht – wieder aufgenommen. Dieser Börsenstreik ist in die Geschichte eingegangen. Dem in parlamentarischen Beratungen geäusserten Wunsch, «den schädlichen Wirkungen des Börsenspiels so weit als möglich entgegenzutreten» (Motion Blumer von 1869), hat die Praxis der folgenden Jahrzehnte nicht nachgelebt. Der Handel in Bank- und Eisenbahnaktien dominierte die täglichen Börsensitzungen, und Aktienemissionen mit einem Agio von 15 bis 35 Prozent konnten mühelos platziert werden. Das Agio (Aufgeld zum Nominalwert) wurde unter den Gründern als Gewinn verteilt.

1929 überliess der Effektenbörsenverein seine Räumlichkeiten der Basler Handelsbank, um für rund 60 Jahre an den Schanzengraben, Ecke Talacker/Stockerstrasse zu übersiedeln. Die in den vergangenen Jahrzehnten gewaltig gewachsenen Handelsvolumina riefen nach einer neuen Lösung. Ein Areal am General Guisan-Quai und ein solches am «Glockenhof» standen vorübergehend zur Diskussion. Seit Juli 1992 bewegen sich die Börsianer im neu geschaffenen Börsengebäude am Selnau in Räumlichkeiten, die endlich der Grösse des Finanzplatzes Zürich und Schweiz angepasst sind. Doch das Ende naht bereits. Der Handel wird schrittweise in die dem Effektenbörsenverein angeschlossenen Finanzinstitute verlagert und spielt sich an den Monitoren ab. Administration, Schulung und Demonstrationen sind jene Aufgaben, die dem neuen und bereits überholten Börsengebäude vorbehalten bleiben. Auch die Soffex behält diesen Standort bei.

Wohin führt der Weg?

Die Bahnhofstrasse lebt. Noch blühen die Linden, und die Banken sind präsent, doch der Exodus hat begonnen. Für 726 Milliarden Franken sind Wertpapierbestände aus den Bankensafes bei dem zentralen Girosammeldepot, der Sega in Olten, deponiert. Mit der Intersettle wird eine analoge zentrale Organisation für Auslandspapiere geschaffen. Die Abteilungen für Verarbeitung und Informatik liegen nun im Umfeld der Stadt. Ein neuer Trend im Bankenbau scheint sich Richtung Bahnhof Enge zu entwickeln. Grossbanken verlagern einen Teil ihrer Tätigkeiten schwergewichtig nach London. Aus Schweizer Banken werden Weltkonzerne mit längerfristig schwer abschätzbaren Folgen. Der Verkehr des Kunden mit seiner Bank über den Fernsehschirm schmälert die Bedeutung repräsentativer Schalterhallen. Wohin führt uns dieser Weg?

Politische und wirtschaftliche Probleme bedrängen unser Land. Werkplatz und Finanzplatz Schweiz sind verklammert. Von der von mir eingangs geschilderten Idylle der Bahnhofstrasse bis zum musealen Erinnerungsstück unserer Nachkommen ist ein kleiner Schritt. Wir stehen an einer Wegscheide und müssen tastend und mühsam den Weg in unsere Zukunft suchen. Wir dürfen in den Banken nicht einem kritiklosen Globalismus verfallen, aber auch nicht passiv am Alten, Vertrauten festhalten. Angesichts der zusammengerückten Welt und der überbordenden Devisenmärkte sind Überraschungen jederzeit möglich.

Der Unternehmer und sein Umfeld

Wir brauchen in jedem Unternehmen Querdenker,
welche Althergebrachtes in Frage stellen und neue
Lösungsansätze vorschlagen, die ernsthafter Prüfung
bedürfen. Eine Arbeitsgemeinschaft aus Angepassten
allein ist die beste Voraussetzung für eine dominie-
rende Betriebsbürokratie, die keine Zukunft hat.

Risikobereitschaft als Voraussetzung für den wirtschaftlichen Erfolg (2001)

Risiko gehört zu unserem Leben, im persönlichen wie im beruflichen Bereich. Es begleitet uns von der Geburt, der Berufs- und Ehepartnerwahl über die Entscheide im Erwerbsleben bis zum Tod. Wir vermögen es zu reduzieren, um uns dagegen anderswo vermehrt zu engagieren. Anders als der Begriff der «Gefahr» bietet Risiko, ursprünglich vor allem versicherungstechnisch genutzt, auch gute Chancen. Grösstes Risiko im geschäftlichen Bereich ist wohl der Verzicht auf das Neue, das neue Risiko, wofür der Unternehmer in der heutigen Zeit grundlegender Strukturveränderungen und neuer technologischer Entwicklungen bestraft wird. Gary Hamel, Professor an der London Business School und Unternehmensberater in Silicon Valley verlangt in seinem Buch «Das revolutionäre Unternehmen», dass ständig tragfähige Geschäftsmodelle zu schaffen und radikal zu erneuern sind, grösstes Risiko also aus anhaltender Passivität oder bloss bescheidenen «kontinuierlichen» Verbesserungen, erwächst.

Risiken haben auch unsere Vorväter gekannt und gemeistert. Kriege und Seuchen haben die Gesellschaft in ihren Grundfesten erschüttert. Zwei Beispiele aus Westeuropa: In den Gründerjahren des 19. Jahrhunderts wurde in der Textilindustrie die Heimarbeit der Kleinbauern durch die aus England importierten und in Fabriken konzentrierten Maschinen verdrängt, der anfänglich lukrative Dampfschiffverkehr schon kurz nach der

Inbetriebnahme durch die rascheren Eisenbahnen ersetzt. Selbst das von Historikern früher als dunkel geschilderte Mittelalter wurde von immer neuen Herausforderungen erschüttert.

Doch zweierlei hat sich, wohl schon beginnend in der Epoche der Aufklärung, geändert: die wachsende Vielfalt der Risiken und der Faktor Zeit. In einer überblickbaren Wirtschaft und mit traditionell geführten Unternehmen waren die Risiken übersehbar, messbar, und Zeit stand damals anscheinend in Überfülle und ohne jede hektische Komponente zur Verfügung. Der Kaufmann beispielsweise konnte den riskanten Entscheid hinausschieben, die Dinge reifen lassen, ohne dass ihm sogleich ein Geschäft verlorenging. Heutzutage verlangen die uns über den Äther durch die verschiedenen Medien zugehenden internationalen Offerten und Anfragen eine unmittelbare Antwort. Nicht umsonst sind in den letzten Jahren vermehrt technische Mittel zur Risikoabsicherung entwickelt worden.

Risiko als facettenreiches Phänomen

Risiken sind nicht nur – wie prima vista vielleicht angenommen – pekuniärer Art. Anderes steht auch auf dem Spiel: Das Renommee der Firma, der gute Name des Unternehmers und seiner Produkte, aber auch die Gesundheit und das ausgeglichene Leben der verantwortlichen Persönlichkeiten und ihrer Familien stehen zur Diskussion. Das Risiko für den erfolgreichen Geschäftsinhaber und Manager liegt wohl vor allem auch im menschlichen, im persönlichen, im familiären Bereich. Ökologische Überlegungen sind in die Entwicklungsprogramme einzubeziehen. Doch wie schwer hält diese Gratwanderung, wenn selbst die zuständigen Wissenschaftler geteilter Meinung sind? Pharmazeutische Produkte entfalten nach Jahren der Erprobung langfristig negative Auswirkungen. Wie verhält es sich mit den Langzeitfolgen nach Gen-Manipulationen? Mit Tschernobyl verlor der vielgepriesene Atomstrom seine «Jungfräulichkeit». Produkte und Techniken geraten über Nacht in Verruf, raten zur Zurückhaltung in der Anwendung, und doch ist jeder gute Unternehmer bemüht, noch nicht genutzte, erfolgversprechende Nischen vor der Konkurrenz zu besetzen. Das Risiko ist ein Phänomen, das die Menschheit seit ihren Anfängen in immer neuen Facetten begleitet und bei ungünstigem Ausgang auch zu analogen Konsequenzen führt: Es bedarf jeweils eines personifizierten Ungemachs, eines Schuldigen oder – biblisch ausgedrückt – eines Sündenbocks, wie er uns in Kapitel 16 des 3. Buches von Moses entgegentritt. Ein solcher lässt sich in unseren Tagen um so leichter und ohne grosse Widerrede finden, als zumindest in Grossunternehmen Manager zumeist bloss auf Zeit agieren und mit einem vertraglich vereinbarten «goldenen Fallschirm» im Falle des freiwilligen oder erzwungenen Rücktritte ein sorgenfreies Leben führen können.

Nicht zufällig ist die Literatur zur Risikogesellschaft, zum unternehmerischen Risiko und zum Risk Management gewaltig gewachsen. Ich verweise in diesem Zusammenhang vor allem auf das Buch von Ulrich Beck «Risikogesellschaft, auf dem Weg in eine andere Moderne» (Edition Suhrkamp), den historischen Rückblick von Peter L. Bernstein «Wider die Götter – die Geschichte von Risiko und Risk Management von der Antike bis heute» (Gerling Akademieverlag) und jenes Zitat von George F. Kennan, der irgendwo erwähnte, dass Leute, die jedes Risiko scheuen, das grösste Risiko eingehen.

Risiko und Profit

Wir streben den Profit unter zwangsläufiger Inkaufnahme eines Risikos an, weil wir uns ein Kapital schaffen wollen, das uns materielle Sicherheit, vor allem bei Krankheit und im Alter, gewährleistet und uns zusätzliche persönliche Freiheiten einräumt. Wir schaffen uns damit in unserer kapitalistischen Welt vermehrte Anerkennung, erklimmen in den Augen der Öffentlichkeit einen höheren sozialen Status und besorgen uns nicht zuletzt eine Selbstbestätigung durch den Erfolg. Aber schon immer hat das rasche Geld gelockt. Rascher Profit, womöglich ohne eigene grössere und dauernde Leistung, die willigen Gefolgsleute sind im Erfolg nicht weit.

Andere Motive zur Missachtung des Erfolgs-/Risikoverhältnisses mögen bei Unternehmen mitwirken, wie beispielsweise das Klumpenrisiko. Man setzt auf eine Karte, investiert in das vermeintlich einmalige Produkt mit Ausschliesslichkeit, kreditiert als Bank schwergewichtig einen einzigen Kunden, mit dem man vielleicht persönlich eng verbunden ist. Ein zweites im unternehmerischen Bereich, das sich verhängnisvoll auswirken kann, nennt sich das «Praevenire». Das neue Produkt ist noch nicht ausgereift, doch will man vor der Konkurrenz damit auf dem Markt sein. Den Kredit an den renommierten (und vielleicht auch renommierenden) Grosskunden will sich die Bank nicht entgehen lassen, auch wenn die Zeit für die nötige Abklärung nicht ausreicht.

Und schliesslich hat es am Drang zum Grösserwerden als Selbstzweck nie gefehlt, auch wenn für solche Manöver weitschweifende und blumige Erklärungen abgegeben werden. Grösserwerden und damit mehr Macht sind begrifflich unter dem mir gesetzten Thema zum mindesten zu erwähnen. Man strebt auf der Rangliste der internationalen Finanzwelt nach oben, will sich auf dem Siegertreppchen nicht mehr mit der Bronzemedaille begnügen. Es stellt sich immer wieder in solchen Situationen die Frage nach den eigenen Grenzen, nach der Begrenzung. War dies früher eine Frage der vorhandenen Kapitalien, ist es heutzutage jene nach dem verfügbaren, ausgebildeten und charakterlich einwandfreien Kader.

Klumpenrisiko, der Drang zum raschen Geld und Beweggründe, die zutiefst im Emotionalen liegen, haben uns durch den wirtschaftlichen Erfolgs- und Leidensweg der vergangenen Jahrhunderte geführt und begleiten uns heute weiter. Erfahrung scheint ein Substantiv zu sein, das allen Generationen, ungeachtet gegenteiliger Bezeugungen, fremd bleibt.

Der geänderte Faktor Zeit

Wir glauben, die vielen winzigen Schritte einer natürlichen Entwicklung in wenige grosse zusammenfassen zu müssen. Eine solche Fehlinvestition am technologischen Scheideweg kann lebensgefährdend sein. Das «Praevenire» spielt dabei mit, der Augenblickserfolg triumphiert, denn das Ende des Geschäftsjahres ist nicht mehr fern, und der Aktionär erwartet eine Gewinnsteigerung. Dem gleichen Zweck dienen die Rationalisierung, die Senkung der Personalkosten. Steigerung des kurzfristigen Profits und Risiko des Verlustes eines guten Namens als Arbeitgeber, beides liegt in der engen Interpretation des

Shareholder Value drin. Haben die immer breiteren Raum gewinnenden Boni nicht die fatale Nebenfolge, dass vom Management nur allzu rasch auf die kurzfristige Karte gesetzt wird? Sind Mitarbeiter des oberen Kaders langfristig am Gedeihen ihres Unternehmens interessiert, wenn sie ihren «Job» zum vornherein mit der Absicht antreten, diesen nur zeitlich beschränkt auszuüben? Der kurzfristige Erfolgseindruck als mächtiger Verführer und Schaffer von langfristigen Risiken!

Ein persönliches Mosaiksteinchen möchte ich diesem Bild beifügen: Man lernt mit dem Älterwerden, dass man die Gelassenheit und Ruhe haben muss, viele Dinge reifen zu lassen. Oft lösen sich solche Probleme aus sich selbst. Im Leben des Individuums hat diese mit Fatalismus nicht zu verwechselnde Haltung ihre tiefe Berechtigung, im wirtschaftlichen Konkurrenzkampf sind jedoch die Umstände oft stärker. An dieser gesteigerten Verletzbarkeit des Einzelnen und der Unternehmung vermag in der heutigen Zeit auch ein ausgebautes Risk Management wenig zu ändern.

Der Spekulant

Wir beleben unser Dasein mit Heroen und verachtenswerten Zerrbildern. Und wo uns die eigene Phantasie fehlt, helfen die Medien kräftig nach. Doch was ist ein Spekulant, ein Ausdruck in der Tagessprache so häufig verwendet? Spekulativ ist eigentlich alles, was ein Risiko kleineren oder grösseren Ausmasses beinhaltet, aber es liegt uns fern, ausser in übler Laune, Persönlichkeiten mit solchen Aktivitäten als Spekulanten zu bezeichnen. Spekulanten sind wohl jene, welche nicht versuchen, das Risiko ins Verhältnis zu den eigenen Mitteln zu setzen, welche im Risiko nicht Masshalten können, und in diesem Sinne müssen wir wohl auch die Erfinder, Tüftler und Entdecker als Spekulanten qualifizieren. Doch sind sie nicht jene, welche der Volksmund mit diesem Ausdruck disqualifiziert, sondern die anderen, die kurzfristigen Gewinner aus Geschicklichkeit und ohne grosses eigenes Zutun. Das wirtschaftliche Treibhausklima vergangener Jahrzehnte hat manche solche Hasardeure zu Weltruf gebracht. Sie wurden hochgelobt, von Koryphäen aller Art hofiert und sind irgendwann abgestürzt. Und damit sind sie, wenn ich mich etwas gesellschaftskritisch ausdrücken darf, erst zu verdammenswürdigen Persönlichkeiten geworden, durch den Absturz nämlich. Neue Akteure beleben die wirtschaftliche Weltbühne. Vielleicht gehen sie den Weg ihrer Vorgänger, vielleicht aber bewahren sie dank vermehrter Zurückhaltung in einer vorgeschrittenen Lebensphase ihren Reichtum und werden damit wohlwollend und ohne Vorbehalte zu Recht in die Reihen des jeweiligen Establishments aufgenommen.

Reichtum über Nacht zeitigt auf die Dauer gesellschaftliche Konsequenzen. Der scheinbar mühelos und rasch erworbene Gewinn des einen, ruft Überlegungen der andern, die an die Fundamente des Staates gehen. Europa ist nicht Amerika, auch wenn die Amerikanisierung in Äusserlichkeiten, im Begrifflichen und bei der Anwendung moralischer Massstäbe in der Schweiz rasch voranschreitet. Doch was lässt sich gegen solch kurzfristige, excessive Profite im Zeichen des wirtschaftlichen Liberalismus und der Freizügigkeit auf den verschiedensten Gebieten mit Aussicht auf Erfolg vorkehren?

Der Luxus des Querdenkens

Ich hatte vor geraumer Zeit die Möglichkeit, an der Jahreskonferenz einer Vereinigung von Zürcher Lehrern zu sprechen. Das mir gesetzte Thema lautete, welche Ausbildung die Wirtschaft für die Schüler von deren Lehrern verlange. Ich darf diese Gedanken nachfolgend darlegen, denn jene Eigenschaften, die ich ansprach, liegen der Risikobereitschaft zugrunde. Sie sind die Wurzeln des unternehmerischen Erfolgs. Die jungen Leute sollen zu kritischen und neugierigen Menschen erzogen werden. Lehrsätze und Schlagworte sind zu hinterfragen, nicht ungeprüft zu konsumieren. Ein bekannter Unternehmensberater erklärte diesbezüglich, entscheidend für die Zukunft eines Unternehmens sei heutzutage, wie gross der Prozentsatz der Neugierigen an der Spitze sei. Die eigene Meinung ist zu vertreten, was der Zivilcourage und der Fähigkeit zur sachlichen Diskussion bedarf. Ich habe mich damals zur Bemerkung verstiegen, dass sich jedes grössere Unternehmen den «Luxus einiger Querdenker» leisten sollte. Ich will nun nicht behaupten, es stünde mit diesen Eigenschaften in der Schweiz zum besten.

Unsere konservative Grundhaltung spielt mit, die gelegentlich noch feststellbare moralische Verurteilung erfolgloser Geschäftsleute, was sich bis vor kurzem in einer Beschränkung der öffentlichen Rechte jener Personen (aktives und passives Wahlrecht) niederschlug. Die Zeichen der Zeit werden aber zunehmend verstanden.

Das Risiko bei jungen Unternehmern

Ich beschränke mich bei meinen Überlegungen auf junge Unternehmer, auf Klein- und Mittelunternehmen. Es würde zu weit führen, wenn ich mich mit der ganz anders gelagerten Risikobereitschaft von Grosskonzernen beschäftigen würde. Deren Risiken liegen zweifellos schwergewichtig im politischen Bereich, in der gesellschaftlichen Akzeptanz, in der Auseinandersetzung mit gleich oder ähnlich gearteten internationalen Konzernen und damit verbunden der Gefahr der Übernahme. Jener von General Motors President Charles E. Wilson 1952 vor dem US-Kongress geäusserte Satz «What's good for America is good for General Motors and vice versa» klingt fremd für unsere Ohren, ist nicht mehr zeitgemäss.

Wenden wir uns den jungen Tüftlern und Erfindern zu, deren Zahl erstaunlich wächst, wenn sie auch die entsprechende Förderung erfahren. Die Hochschulen der Schweiz haben diese Zeichen der Zeit verstanden, fördern junge Wissenschaftler und versuchen, die Zeit zwischen der Entwicklung und der industriellen Nutzung – ein entscheidender Faktor – auf verschiedenste Weise zu reduzieren. Keine Entwicklung im Elfenbeinturm also. Rasch sich verändernde Marktbedürfnisse strafen den Zuspätgekommenen. Junge Unternehmer drängen nach vorn. Keine ungebildeten Naturtalente, sondern Menschen mit einem grossen Spezialwissen und erfüllt vom Drang, etwas völlig Neues zu schaffen. Es sind oft eigenwillige Menschen, die kreativ sein wollen. Forschen und Arbeiten im grossen Team liegt diesen Individualisten zumeist nicht. Dem in der Unternehmensliteratur in den vergangenen Jahrzehnten vielzitierten Teamwork sind sie abhold. (Ist nicht oft Teamarbeit in einem oberen Gremium Flucht aus der Verantwortung, vermeintliche Reduktion des Risikos für den Einzelnen?)

Von zehn jungen Unternehmern werden irgendwann deren etwa neun scheitern. Nicht anders verhielt es sich in der industriellen Revolution des 19. Jahrhunderts. Jene oft etwas schwerfällig gewordenen Weltkonzerne, die wir despektierlich als «Dinosaurier» bezeichnen, sind die Überlebenden jener Zeit. Die übersteigerten Kursexzesse junger Unternehmen an den neuen Märkten Westeuropas sind Fieberkurven in der modernen Wirtschaft und verschaffen den Eigentümern dieser Unternehmen, die unter Umständen erst vor Jahren gegründet noch immer in den roten Zahlen stecken, Millionen an vorübergehenden Buchgewinnen. Doch nahe beim realisierten Kursgewinn liegen der kriminalisierte Insider-Tatbestand (z.B. Verkauf der Beteiligung am eigenen Unternehmen bei Eintreten einer schlechten und nach aussen nicht kommunizierten Entwicklung) und der Verlust an persönlichem Renommee in der Gesellschaft. Einmal mehr: Die Risiken liegen auch im immateriellen Bereich.

Faktoren, die zum Scheitern führen

Es fehlt oft die kritische Beurteilung des Faktors Zeit. Wunschdenken überwiegt, die Entwicklung dauert länger und nimmt entsprechend vermehrte finanzielle Mittel in Anspruch. Liquiditätsengpässe können zum Verhängnis werden. An einen längerfristigen Finanzplan wird zumeist nicht gedacht. Der Markt wird oft nicht richtig und dauernd untersucht. Produkte entstehen, für welche der Bedarf fehlt oder erst entsteht, oder die Konkurrenz ist bereits einen Schritt voraus. Ein Beispiel aus der schweizerischen Stickerei-Industrie: Ein international tätiger schweizerischer Maschinenkonzern erwarb zusätzlich zu erfolgreichen Aktivitäten im Spinnereibereich eine deutsche Stickereifirma, deren jährliche Maschinenproduktion über dem gesamten Weltbedarf lag.

Junge Unternehmen basieren in ihrer Anfangsphase allzu oft auf einem einzelnen grossen Abnehmer. Das Klumpenrisiko ist offensichtlich. Man bindet seine eigene Zukunft an jene der abnehmenden Firma, man liefert sich ihr aus, wird erpressbar. An Beispielen hierzu fehlt es gerade in diesen Tagen in der Schweiz nicht. Noch einiges wäre an Risiken aus dem Umfeld des Unternehmens beizufügen, wie eine geänderte Einstellung zur Ökologie oder zu moralischen Werten (ich denke in diesem Zusammenhang an die Kriminalisierung der aktiven und passiven Bestechung in westeuropäischen Staaten).

Das grösste Hindernis zum erspriesslichen Aufbau des Unternehmens liefert oft der Unternehmer in seiner Persönlichkeit. Er ist Visionär beispielsweise, aber es ermangelt ihm der Beharrlichkeit, des Akzeptierens von Rückschlägen, aus denen eine starke Persönlichkeit gestärkt hervorgeht. Er kennt nicht jenen Satz in seinem Vokabular «reculer pour mieux sauter». Umgekehrt mag seine Beharrlichkeit zur blossen Sturheit geworden sein. Er missachtet die aus dem Ruder laufenden Kosten. Er ist vielleicht ein kreativer Einzelgänger, der aber unternehmerische Eigenschaften vermissen lässt. Kreativität im Übergang zum Fantastentum, was einer klärenden und ordnenden Hand ruft. Und damit wären wir bei der Tatsache, dass für den Werdegang junger Unternehmen entscheidend ist, fachkundige Kräfte, vor allem auch im organisatorischen und kaufmännischen Bereich zu finden, die das Unternehmen ungeachtet individueller Eruptionen längerfristig zum Erfolg führen. Die Wahl geeigneter Mitarbeiter oder Partner schliesst sich dem kreativen Akt an, soll das Unternehmen nicht zu jenen 90 Prozent gehören, die als Eintagsfliegen in Kürze wieder verschwinden.

Alles fliesst

Jener Satz ist den Älteren noch geläufig, wonach man sein Geld mehrfach, den guten Namen aber nur einmal im Leben verlieren könne. Der Privatbankier pflegte sich zu brüsten, sein guter Ruf sei ihm ebenso wichtig wie jener eines jungen Mädchens. Doch die Zeiten haben sich geändert: Der Ruf junger Damen mag heutzutage allzu unverbindlich sein. So stehen die Begriffe für anderes, die sie beinhaltenden Werte ebenfalls. Vor etwa zwei Jahrzehnten waren kleine und mittlere Unternehmen en vogue und man neigte gleichzeitig zur Diversifikation. Heute jagen sich die Elefantenhochzeiten, einstmals im Zeichen der Risikoverteilung erworbene Beteiligungen werden verkauft, denn Fokussierung ist die Losung. Modische Ausdrücke beleben Seminarien und Finanzpresse; irgendwann wird sich Erich Maria Remarque mit seinem Buch «Der Weg zurück» in Erinnerung rufen. Es hält schwer, in diesen Gezeiten der Lehrmeinungen den vergleichenden Weg zwischen Profit und Risiko, langfristig betrachtet, zu gehen.

Blenden wir zurück in unser Privatleben: Wir glaubten, dem Staat einen Teil unserer Risiken aufbürden zu können, doch diese Rechnung geht nicht auf. Wir haben zu unserer Selbstverantwortung zurückzufinden. Wagnis hat unsere Vorfahren begleitet, es ist naturgegeben, hat Gesicht und Gewicht verändert und neue Gefährdungen nachgezogen. Wir blicken bange in die Zukunft. In dieser Angst liegt vielleicht die Chance, Risiken rechtzeitig zu orten und den Umgang mit ihnen zu finden. In dieser Welt des Umbruchs, der wechselnden Lehren und Meinungen bedarf es in jeder Gemeinschaft der Erbsenzähler, die säuberlich Profit und Risiko im Einzelfall zu errechnen oder wenigstens abzuschätzen versuchen. Doch die Erbsenzähler brauchen ihr gesellschaftliches und unternehmerisches Gegengewicht. Wollen wir voranschreiten in die Zukunft, bedürfen wir des Glaubens an uns. Wir brauchen realisierbare Visionen und die Bereitschaft, immer wieder Neuland zum langfristigen Nutzen unserer Gemeinschaft und unseres Landes zu betreten.

Wert und Unwert von Erfahrungen in modernen Unternehmen (1997)

Der zeitgemässe Unternehmer blickt nach vorne

Jack Welch, Chef des amerikanischen General Electric Konzerns seit über einem Jahrzehnt, sagte zur Vergangenheit – frei übersetzt – etwa folgendes: «Daran können Sie gar nichts ändern. Ob richtig oder falsch, ob gut oder schlecht. Man kann daraus lernen, aber mir hilft sie nicht sonderlich weiter. Ich bin ein Mensch, der im Morgen lebt und alles daran setzt, sich vom Gestern zu lösen.» (Aus «Business is simple», die 31 Erfolgsgeheimnisse von Jack Welch, verfasst von Robert Slater.) Tausende auf allen Kontinenten, geprägt von Management-Theorien irgendwelcher Provenienz, mögen Welch beipflichten. Anders als ihre Vorgänger haben sie ein breites, berufliches Rüstzeug erworben, das sich durch neue Einsichten und Begriffe auszeichnet. Es spricht vermehrt der Wissenschaftler zum lernbegierigen Auditorium, weniger der Praktiker, reiches Zahlenmaterial ist zur Gegenwartsanalyse und zur Zukunftsbeurteilung gefragt, die menschliche Komponente tritt zwangsläufig in den Hintergrund. Erfahrung aber basiert auf dem hautnahen Erleben durch Menschen und wird – wenn überhaupt – von Menschen weitergegeben.

In unserer Zeit, in der die wirtschaftlichen Strukturen in Frage gestellt werden und sich technologische Entwicklungen jagen, mutet ein Blick auf das Bemühen der griechischen Philosophen der Antike, die Erfahrung begrifflich zu erfassen und in Beziehung zum Wissen zu setzen, als ein steinzeitliches Relikt an. Ich denke in diesem Zusammenhang an Heraklit, Parmenides oder Protagoras, der die Alltagserfahrung zum Mass aller Dinge erhob. Bei Immanuel Kant schliesslich gewann der Erfahrungsbegriff neue, moderne Züge (aus «Der Begriff der Erfahrung in der Philosophie des 20. Jahrhunderts», herausgegeben von Jürg Freudiger, Andreas Graeser und Klaus Petrus). Wir wollen im folgenden jedoch nicht das Spektrum der Erfahrungsdiskussion, wie es sich durch das 19. und 20. Jahrhundert in der Philosophie dahingezogen hat, erweitern.

Eine moderne Wirtschaftszeitung charakterisierte unlängst den erfolgreichen Manager als denjenigen, der es verstehe, nötigenfalls ohne Verzug von einer Managementlehre zur anderen zu wechseln; in Anlehnung an den Sport wird dies als Surfen innerhalb der unterschiedlichsten Schulen bezeichnet. Da solche kopflosen und überstürzten Systemwechsel ebensowenig helfen wie Zauberformeln und Patentrezepte, wird emsig nach neuen Erkenntnissen aus archäologischen und esoterischen Quellen gesucht und damit zweifellos ein Abgehen von den negativen Folgen der Fortschrittsgläubigkeit bekundet. Wir hätten uns mit anderen Hochkulturen zu befassen und Dinge darzulegen, «die nicht bewiesen werden können und die ausserhalb des wissenschaftlichen Rahmens liegen» (aus «Technologien von gestern: Chancen für morgen» von Hermann Wild). So reizvoll und vielleicht modisch es wäre, diesen Faden weiterzuspinnen, bringt es uns im Rahmen des gesetzten Themas nicht weiter.

Die selbsterlebte Erfahrung

Erfahrung muss selbst erlebt sein. Rousseau und Pestalozzi warnten kleine Kinder nicht, wenn sie ins Feuer greifen wollten. Sie müssten Hitze und Schmerz selbst erleben. Die sorgende Mutter möchte ihren Kindern die Unbill der Zeit durch wohlgemeinten Rat ersparen, doch umsonst. Der bejahrte Prokurist verweist auf jahrzehntelange Erfahrungen und die hieraus erwachsene Tradition, womit wir dem Begriff der Erfahrung einen weiteren beifügen. Aus dieser Tradition fand sich schliesslich die Unternehmenskultur – immer noch hoch angepriesen –, obschon die dauernden Zusammenschlüsse und Übernahmen von Firmen, das häufige Auswechseln der Spitzenmanager und der mittleren Kader für viele Unternehmen an dieser ganz besonderen Identität zweifeln lassen.

Nein, auch im modernen Unternehmen müssen Mitarbeiterin und Mitarbeiter die Erfahrungen selbst sammeln, «learning by doing». Sie bedürfen freilich der Anleitung, die um so williger aufgenommen wird, wenn der Lehrende auf die Rolle des Besserwissers verzichtet. Das eine ist die Übernahme einer Aufgabe mit entsprechender Einführung, das andere die persönliche Erfahrung, die vor allem auch durch Misserfolg beiträgt, die Persönlichkeit zu formen und zu fördern.

Die Ausrede der Erfahrung

Junge Menschen müssen die Dinge in Frage stellen. Dies mag für ältere Gesprächspartner unbequem sein, doch führt kein anderer Weg in die Zukunft. Wenn der Ältere in früheren Zeiten in seiner Antwort auf Erfahrung und Tradition verwies, mochte er vielleicht auf halbwegs bereitwillige Zuhörer stossen, denn jene Jugend war nicht schon in der Schule zu kritischem Denken erzogen worden. Staat und Kirche befanden, was rechtens war, so dass manche Erkenntnis, die vermeintlicher Erfahrung zuwiderlief, sich durchsetzen konnte. Ich denke beispielsweise an Leonardo da Vinci, den Schöpfer der Mona Lisa und des Abendmahls, der auch einer der universalsten Naturforscher seiner Zeit war und der sich um das Jahr 1500 bereits mit der Frage auseinandersetzte, ob ein Körper, der schwerer ist als

Luft, überhaupt fliegen könne. Es bedurfte vier Jahrhunderte, bis im Jahr 1903 die Gebrüder Wright diese These mit einem Flug über eine Distanz von 50 Metern bestätigten.

Ist heutzutage der überhebliche oder väterliche Hinweis auf die Erfahrung nicht in eigener Bequemlichkeit verwurzelt? Bequemlichkeit des Denkens, des Analysierens und des immer wieder Infragestellens, denn nur mit einer solchen Geisteshaltung vermögen wir in einer Zeit der immer globaleren Konkurrenz zu bestehen. Ich habe es schon in meiner Jugend als provokativ empfunden, wenn ich den Bescheid erhielt, es «sei immer so gewesen». Diese Erfahrung führt zu Konsequenzen, die für ein Unternehmen verhängnisvoll sein können.

Ein Beispiel dafür: Ich war jahrelang im Verwaltungsrat einer erstklassigen, prosperierenden Maschinenindustrie. Mein Antrag, die Produktepalette auf die Aufnahmebereitschaft des Marktes in fünf Jahren durch eine Expertise kritisch überprüfen zu lassen, wurde einstimmig abgelehnt. Einige Jahre danach kam das Unternehmen in Schwierigkeiten. Eine externe Analyse ergab, dass die Arbeitsabläufe um 50 Prozent zeitlich reduziert werden könnten. Auf meine erstaunte Frage, wer für diese falsche Beurteilung des Zeitablaufs verantwortlich sei, erhielt ich die Antwort, die älteren, zuverlässigen Kader hätten erklärt, eine Reduktion der Arbeitszeit würde keine schweizerische Qualitätsarbeit mehr zulassen. In der Folge wurde die Arbeitszeit ohne Qualitätsverlust drastisch reduziert, ein negatives Beispiel für die Basierung auf sogenannten Erfahrungen.

Mit der zunehmenden Spezialisierung in jedem Betrieb werden die Aussagen der zuständigen Kader zum Thema Erfahrung immer wichtiger, und dennoch müssen sie vom Vorgesetzten stets – und nötigenfalls durch externe Untersuchung – überprüft werden. Erfahrung als Ausrede, aus Bequemlichkeit, aber auch aus Angst um den Arbeitsplatz und vor den nachdrängenden und besser ausgebildeten Jungen.

Der Mensch als Individuum und in der Gemeinschaft

Erfahrung, gute wie schlechte, formt uns und trägt zur Entwicklung der Persönlichkeit bei. Das Ereignis, auf dem die Erfahrung entsteht, wird von jedem Individuum subjektiv erfasst und gewertet. Wir glauben auch, dass die Geschichte unserer Ahnen in unserem Erbgut weiterlebt. Wir alle sind Kinder von Gemeinschaften, von Unternehmen und Nationen, leben in einer Umwelt mit oft gemeinsamen Eindrücken. Dennoch möchte ich davon absehen, aus dem geschichtlichen Leidensweg einer Nation beispielsweise einen kollektiven Erfahrungsschatz für die Zukunft abzuleiten. Hüten wir uns vor Pauschalurteilen mit einem Blick auf die Geschichte, dies nur nebenbei.

Ich erwähnte, dass Erfahrung, selbst erworben, kaum weitergegeben werden kann, wenigstens nicht in unserer Zeit. Diese Feststellung bedarf einer grossen Einschränkung: Es geht dabei nicht um Technologien und Arbeitsabläufe, sondern ganz ausschliesslich um den Menschen in seiner Unternehmung. Er lernt aus der ihm anvertrauten Arbeit, vor allem aber auch aus seinen Fehlern. Er lernt als künftiger Vorgesetzter, wie grosszügig oder kleinlich ein Chef sein darf und dass die Wendung «ich habe es doch gesagt ...» nichts einbringt. Er lernt aus den Fehlern der andern und empfindet, wie motivierend oder demotivierend der Vorgesetzte wirken kann. Das günstige Arbeitsklima oder die Querelen am Arbeitsplatz, sie beide sind dauernde Erinnerungen und bestimmen seinen Werdegang. Man wächst mit der Grösse der Aufgaben als Persönlichkeit und gelangt durch eigene Erfahrung hoffentlich nicht zur zynischen Erkenntnis, dass Beziehungen und das Benutzen der Ellenbogen für die Karriere entscheidend seien.

In allzu vielen Unternehmen aller Länder sind Ansätze zu kriminellem Verhalten auf Kaderstufe vorhanden. Die wachsende Globalisierung ist solchen Tendenzen förderlich. Auch ein solches Fehlverhalten der andern kann eine Erfahrung geben, wenn man einen langen Atem hat und lernt, welches die entscheidenden Werte im menschlichen Leben sind. In einem Interview habe ich mich für die absolute Honorigkeit aller Kader eines Unternehmens ausgesprochen, was mir die Kritik des fragenden Journalisten eintrug, ich sei wohl etwas naiv. Ich gab dies freimütig zu und ergänzte, dass ich mir ein gewissen Mass an Naivität erhalten möchte, denn andernfalls wäre dieses Leben traurig.

Immer wieder bin ich in meinen Ausführungen auf den Vorgesetzten zu sprechen gekommen, er formt uns durch sein

Vorbild oder leider auch sein Zerrbild, im Positiven wie im Negativen. Ob wir es wollen oder nicht: Bei aller kritischer Eigenständigkeit brauchen wir ein Vorbild, dem nachzuleben wir – bewusst oder unbewusst – bereit sind. Dies ist auch die Basis der Unternehmenskultur, die sich der Zergliederung widersetzt. Erfahrung, wie sie oft verstanden wird, ist – um ein bekanntes Zitat zu verwenden – wie die Laterne am Heck eines Schiffes: Sie leuchtet nur nach hinten. Diese mindernde Bemerkung gilt für den organisatorischen und technologischen Bereich, nicht aber für die zwischenmenschlichen Beziehungen. Unsere eigenen Erfahrungen sind jene, die wir am eigenen Leib erlebt haben oder die uns durch andere Persönlichkeiten, innerhalb oder ausserhalb unseres Unternehmens, durch deren Verhalten vermittelt wurden.

Die Psychologie des Führens (1999)

Der neue Chef tritt seine Stelle an. Er hat den Vorteil, neben seinem Fachwissen auf eine breit gelagerte humanistische Bildung zurückgreifen zu dürfen. Das hilft ihm, die Proportionen zu wahren, sich nicht zu verlieren, die übernommene Ausgangslage, die Projekte, Behauptungen und Anregungen zu hinterfragen. Nehmen wir an, er wisse um seine Belastbarkeit und die Notwendigkeit des persönlichen Ausgleichs, hat er doch in seiner Karriere immer wieder Zerrbilder einst erfolgreicher Manager erlebt, denen nach der Pensionierung nur der frühe Tod verblieb. Er möchte Vorbild sein, nicht nur die dem Tagesgeschäft entrückte Galionsfigur. Vorbild als Verkörperung der Unternehmenskultur. Die Verpflichtung zum Ausgleich im Führungskader wird noch früh genug kommen, die Querelen im Mitarbeiterbereich, das neu entdeckte Mobbing, werden zu dauernden Mutationen führen, mit denen er sich in seiner Position glücklicherweise nur am Rand befasst.

Die Versuchung liegt nahe, ein für den Verwaltungsrat und die Öffentlichkeit bestimmtes Ausgangsbild mit vielen Grautönen zu schaffen. Die Stimmen der Vorgänger sind verstummt, deren Adlaten huldigen dem jungen König. Verraten die beim Führungswechsel jeweils bekanntgegebenen schlechten Zahlen ein Versagen der früheren Leitung oder sind sie Ausdruck fehlender Fairness der Nachfolger, das ist die Frage. Der neue Chef weiss, dass er in den entscheidenden Situationen immer allein sein wird, mag das farbige Gruppenbild im Geschäftsbericht noch so kooperativ wirken. Auch der künftige Brutus ist unter ihnen. Konträre Ansichten im Führungsgremium sind, wenn sachbezogen, fruchtbar; in der erhofften erfolgreichen Laufbahn des neuen Chefs werden die Jasager immer häufiger, es wird gefährlich. Alten Konzernherren in unserem nördlichen Nachbarland wurden göttliche Attribute zugebilligt, auch in der Schweiz hat es an solch dominierenden Figuren in der Vergangenheit, oft gleichzeitig in militärischen und politischen Führungspositionen, nicht gefehlt. Sie sind vergessen, und dieses Erinnern sollte eigentlich den Erfolgreichen vor eigener Überheblichkeit und ständiger Rechthaberei schützen.

Glücklicherweise glaubt der neue Vorsitzende der Geschäftsleitung einen wohlwollenden und fachkundigen Verwaltungsrat über sich zu wissen. Viel Gescheites, aber auch wenig Praxisbezogenes ist in den vergangenen Jahren der Firmenpleiten über dieses Aufsichtsgremium gesprochen und geschrieben worden. Je grösser der Verwaltungsrat, um so weniger fühlt sich der Einzelne verantwortlich. Gemessen wird bei der Zuwahl freilich mit ganz unterschiedlichen Ellen. Und es sind auch die verschiedensten Faktoren, die abzuwägen sind. Wieviele erfahrene und fachkundige Vertreter einer Branche finden sich zur Überwachung des globalen Geschäftes mit all seinen Besonderheiten und Imponderabilien? Vielleicht sind sie nur in der bedrängenden Konkurrenz, im fernen Ausland oder unbelastet von neuen Entwicklungen im Ruhestand anzutreffen. Was nützen eigene berufliche Qualifikationen, wenn die Verwaltungsräte nicht die Unabhängigkeit und die Zivilcourage haben, vom Präsidenten abweichende Standpunkte nachhaltig zu verfechten? Masshalten auch in der Übernahme solcher Mandate, sonst gebricht es an der verfügbaren Zeit. Politiker in Verwaltungsräten tragen zur schönen Etikette bei, am Inhalt der Weinflasche vermögen sie meistens wenig zu ändern.

Doch zurück zum neuen Chef. Die Presse bedrängt ihn. Sie hat über den Vorgänger das Todesurteil gesprochen und ihm nun freigiebig Vorschusslorbeeren geschenkt, ihn auf den Thron emporgehievt. Nach hundert Tagen wird unter Umständen ein erstes Statement erwartet. Neue Erkenntnisse und grundlegende Führungsentschlüsse werden gewünscht. Spricht es nicht für die Überlegenheit und Gelassenheit des neuen Chefs, wenn er – eine entsprechende Ausgangslage vorbehalten – zuerst einmal den Betrieb und die leitenden Mitarbeiter kennenlernen möchte? Massnehmen am Bisherigen, aber dazu braucht es Zeit. Irgendwann werden Medien ihre Art von Berichterstattung fordern, Augenblickserfolge überzeichnen und langfristigen, geschäftspolitischen Überlegungen, versehen mit technologischen und ökologischen Fragezeichen, nur mit Mühe folgen. Die Öffentlichkeit verlangt informative Gespräche, der Fehltritt zur Mediensüchtigkeit lässt oft nicht lange auf sich warten.

Der Tag der Pensionierung des neuen Managers liegt noch fern. Sein Weg ist eine dauernde Gratwanderung, sein Massnehmen an sich und den andern eine Daueraufgabe. Überschätzungen, Irrtümer sind unausweichlich, enge Kadermitarbeiter verlieren den Sinn für das Mass, überschätzen sich und leiten den eigenen, kostspieligen Lebensstil aus der Ertragslage ihres Unternehmens ab. Das Unternehmen ist ein Organismus sui generis, es gedeiht, gerät in Wachstumsstörungen, schafft sich neue Inhalte und eine andere Gewandung. Schwere Krankheiten in Form eigentlicher Krisen beeinträchtigen den Weg der Prosperität. Immer wieder werden vom Manager neue Qualitäten gefordert, zusätzliche Masse gesetzt. Der Troubleshooter als Notfallarzt erweist seine Dienste, um bald an ein anderes Krankenbett zu wechseln, sind ihm doch oft die Qualitäten des Ausgleichs und der unspektakulären Beharrlichkeit fremd.

Wechselndes Massnehmen des Unternehmens an seinem Chef, den stets ein Quentchen Selbstzweifel begleiten mögen. Doch verlangt unsere freie Marktwirtschaft auch den Kampfeswillen, den vollen Einsatz, gerade in Krisensituationen. Daran gebricht es den Erfolgsverwöhnten unserer Tage allzu oft. Wenn der Hoffnungsschimmer am Ende des dunklen Tunnels nicht in Sicht ist, werden unter dem Vorwand fehlender Zukunftsmöglichkeiten die Flaggen eingezogen und die Schlüssel zum Unternehmen dem Konkurrenten, der mehr Durchhaltewillen besitzt, ausgehändigt. An gescheiten Prognosen, welche solche Kapitulationen beschönigen, wird es nie fehlen. Der goldene

Fallschirm ist letzten Endes das Requisit, das den schwankenden Unternehmer zur Kapitulation veranlasst.

Nehmen wir an, unser Unternehmer habe mit viel Glück die
Tücken seiner Laufbahn gemeistert und sei sich dabei des stän-
digen Auf und Ab im Leben des Individuums, der Familie, der
Nation und eben der von ihm geleiteten Firma bewusst geworden. Irgendwann schlägt die Stunde des Rücktritts. Ehrende
Worte fallen, sein Bild ziert die Firmenzeitung. Den Dank aber
hat er vor allem aus dem Bewusstsein, im Laufe einer langen
Laufbahn das beste geleistet, die ihm gesetzten Grenzen voll
ausgekostet zu haben. Und in diesem Übergang von der beruflichen Karriere in die dritte Lebensphase wird noch einmal
Mass von ihm genommen, ob er in voller Loyalität und im
Interesse des Unternehmens die Zügel seinem Nachfolger über-
gibt, neuen Aktivitäten zueilt oder sich auf seinem Alterssitz
grämt und die neue Führung kritisiert und behindert. Masshalten und Massnehmen als Lebensaufgabe.

Impressionen aus dem Osten

Ein polnisches Sprichwort besagt: «Wer hinkt, der geht.» Mit meinen über vier Jahrzehnte verteilten Vortragsreisen versuche ich einen bescheidenen Beitrag zu leisten, dass dieser in vielen Ländern Südost- und Osteuropas anzutreffende Hinkegang sich mehr und mehr der uns vertrauten westeuropäischen Fortbewegung anpasst.

Als Schweizer Bankier in den früheren Ostblockländern (1995)

Die Vorgeschichte

Mit schlechtem Gewissen folgte ich im Mai 1962 der Einladung zu einem Vortrag auf der Schweizer Botschaft in Warschau, denn eben hatte die Schweizer Börse einen starken Kurseinbruch erlitten. Der Gedanke lag nahe, der Präsident der Zürcher Börse setze sich hinter den Eisernen Vorhang ab! Unvergesslich damals in Warschau die hunderte junger Leute, die in die Kirchen drängten, ebenso die Gespräche mit höheren, kommunistischen Funktionären, ehemaligen Unternehmern, die sich arrangiert hatten. Und im Büro unseres Militärattachés die überall zu findende Abhöranlage. Einige Jahre darnach in Prag: allerorts spürbare Überwachung, dagegen Sicherheit vor Kriminellen in den nachtdunklen Strassen, verlotterte landwirtschaftliche Betriebe und heruntergekommene Badekurorte, wie Karlsbad und Marienbad, in denen vor dem Ersten Weltkrieg von Monarchen und Staatsmännern in langen Sommermonaten die grosse Politik gemacht worden war.

Wiederum Polen, zwischen 1970 und 1980: Grossartige Eindrücke vom Wiederaufbau des alten Warschau, von Danzig und Malborg, wo die kundige Führung die vernichtende Niederlage der Deutschritter gegen die Polen bei Grünwald um 1410 darstellte, Besuch auf der Masurischen Seenplatte, angeregt durch Solschenizyns August 1914. Über die Nationalität der Mörder von Katyn bestanden schon damals keine Zweifel. Die Abneigung gegen die Russen war offensichtlich. Der zu riesigen Betonfragmenten gesprengte Führerbunker bei Rastenburg war ein beliebtes Ausflugsziel für die Touristen. Ähnliche Eindrücke hatten damals wohl viele unter uns. Die Bewohner dieser Länder hatten sich irgendwie arrangiert, auf die häuslichen vier Wände zurückgezogen. Niemand erwartete den Umbruch, der Ende 1989 quasi über Nacht und für alle überraschend eintraf.

Die Zeit der hochgespannten Erwartungen

Tief bewegt verfolgten wir die Volksaufstände Ende 1989 am Fernsehschirm. Eine neue Ära schien anzubrechen, hochgespannte Erwartungen auf beiden Seiten des früheren Eisernen Vorhanges. Die befreiten Völker blickten erwartungsvoll nach dem Westen, ins vermeintliche Paradies. Sie erwarteten eine baldige Angleichung des Lebensstandards, Hilfe in jeder Hinsicht. Es war ein naiver Glaube, vergleichbar jenem vieler Deutscher, die sich in den ersten Nachkriegsjahren an der Zürcher Bahnhofstrasse befanden und die Fassaden von Läden und Banken bewunderten. Wir im Westen haben zwar immer wieder lautstark unsere Hilfsbereitschaft ausgedrückt. Manches ist auf privater Basis mit heissem Herzen gesammelt und gespendet worden, punktuelle Hilfe im Meer vergeblicher Erwartungen und im neu geschaffenen Elend – erste negative Auswirkungen der freien Marktwirtschaft. Wir sprechen vom Wirtschaftsliberalismus, betreiben aber gegenüber dem Osten weiterhin auf verschiedene Weise Protektionismus. Glücksritter aus dem Westen diskreditieren unser Wirtschaftssystem, wogegen in den USA geschulte Wirtschaftsökonomen versuchen, die auf einem ganz anderen Boden gewachsenen Wirtschaftstheorien in kürzester Frist durchzuziehen. Kleine Möchtegerne aus unseren Breitengraden mit Phantasieprojekten bevölkern die Hotelhallen.

Der Zweck meiner Reisen

Mit meinen zahlreichen Reisen in frühere Ostblockländer verfolgte ich unterschiedlichste Ziele: Ich wollte die dortigen Gegebenheiten und Märkte verstehenlernen, persönliche Kontakte schaffen und vertiefen, langfristige Geschäftsbeziehungen knüpfen und nicht zuletzt durch Vorträge vor verschiedensten Auditorien ein falsches Bild der freien Marktwirtschaft (Stichworte: wirtschaftlicher Darwinismus, «rasches Geld», soziale Verantwortung) korrigieren. Schliesslich ist auch meine angeborene Neugier zu berücksichtigen, die sich bei zunehmendem Alter eher noch verstärkt hat. Auch die frühere DDR habe ich in diese Reisen mit einbezogen, ist sie doch heute noch eine eigene Welt. Man liest die lokalen Blätter, keinesfalls eine «Frankfurter Allgemeine Zeitung» oder «Die Welt», und ist gegenüber dem Westen von Misstrauen und Ressentiments geplagt. Vielleicht werden die hunderte von Milliarden, die aus Westdeutschland in die fünf neuen deutschen Bundesländer gepumpt wurden, im Volk weniger beachtet als die Tatsache, dass die Manager aus dem Westen über das Wochenende regelmässig nach Hause fliegen und erst am Montag wiederkehren.

Ich versuche mit diesen Besuchen langfristige Geschäftspolitik zu betreiben und keinesfalls schmutziges Geld anzuziehen. Ich bringe weder Kommissionen noch Kundenportefeuilles nach Hause, obschon das stille Heranwachsen einer vermögenden Schicht allerorts erkennbar ist. Die Vertreter amerikanischer Bankiers, Broker und Auditingfirmen sind überall anzutreffen, ebenso jene deutscher und österreichischer Finanzinstitute, letztere vorwiegend auf dem Gebiet der früheren Donaumonarchie. Schweizer Banken sind wenig präsent. Ihre führenden Köpfe blicken nach den USA und dem pazifischen Raum mit den grössten Wirtschaftswachstumsraten. Die eigene Ausbildung in jenen Räumen wirkt nach. Für ein Engagement im Osten Europas fehlt es angesichts des bislang enttäuschenden Verlaufs der Wirtschaftsreformen an Zeit, so glaubt man.

Nun, ich bin ein historisch interessierter Bankier, womit sich meine folgenden Ausführungen erklären lassen. Denn ohne geschichtliches Wissen ist ein Verständnis dieser Räume unmöglich. Die Geschichte lebt in uns fort und bestimmt unsere Wertmassstäbe, in jenen Ländern mit zum Teil beinahe imperialer Vergangenheit und seitheriger jahrhundertelanger Bedrängnis und Not noch mehr als in der Schweiz. Es ist ein Gebot der Klugheit, sich für solche erkundenden Reisen vorerst auf die fortgeschrittensten Staaten, nämlich Polen, Tschechien, Slowakei und

Ungarn, die sogenannten Visegrád-Staaten, zuzüglich Slowenien, zu beschränken. (Die Ortschaft Visegrád liegt nördlich von Budapest, gleich unterhalb des Donauknies, wo sich im Februar 1991 die betreffenden Staatspräsidenten getroffen haben.)

Ich hatte ursprünglich im Sinn, die Situation, wie sie sich für den neugierigen Schweizer Bankier ergab, Land für Land darzustellen. Es wäre eine etwas langfädige Darstellung geworden, allzusehr verwoben mit der nationalen Geschichte. Stattdessen greife ich Schlüsselerlebnisse heraus, im Bewusstsein, dass Verallgemeinerungen immer gefährlich sind. Diese Gefahr wiegt um so schwerer, als meine Gesprächspartner zumeist dem gehobenen Stand angehörten. Unterhaltungen mit Taxichauffeuren gaben mir kaum tiefere Einblicke in die Volksseele, höchstens in die beherrschende Position der Mafia im privaten Transportgewerbe. So bitte ich zu akzeptieren, dass ich vermeintliche Tatsachen und Erwartungen nur mit Zurückhaltung formuliere.

Generationen im Konflikt

Die intellektuelle Bereitschaft zur Übernahme des Neuen genügt nicht, es braucht auch das Herz. Diese Änderung der Psyche darf von den älteren Generationen jener Länder nicht mehr erwartet werden, es sind «lost generations», die verbittert und auf einem niedrigeren Lebensstandard den Vorteilen vergangener Zeiten nachtrauern oder sich mit einer neuen Etikette in Führungspositionen behaupten. Zwei Beispiele mögen dies beleuchten: Ich sprach vor den Dozentinnen und Dozenten der wirtschaftswissenschaftlichen Fakultät der Universität Bratislava über die Internationalität des Kapitals. Das Interesse war bescheiden, die weltweite Entwicklung gelte nicht für die Slowakei, deren Finanzbereich vom Staat auf Dauer geschützt werde. Am gleichen Nachmittag hielt ich vor ein paar hundert Studenten der nämlichen Universität einen Vortrag zum Thema des «schnellen Geldes», dessen Quintessenz war, rasch verdientes Geld werde ebenso rasch wieder verloren. Ich versuchte damit, meine Zuhörer vor den grossen Glücksspielern aus dem Westen zu warnen. Die Reaktion war überaus erfreulich. Zwei Stunden habe ich mit den jungen Leuten intensiv diskutiert. Als Angehöriger einer westlichen Demokratie sucht man den Kontakt mit Demokraten, doch wer sind diese? Die Bannerträger der Revolutionen sind zumeist verschwunden, haben Machern und Managern Platz gemacht, die schon in der kommunistischen Ära ihre Erfahrungen gesammelt hatten. Diese ehemaligen Kommunisten sind oft ausgesprochen starke Persönlichkeiten. Ich denke an längere Gespräche mit dem rumänischen Staatschef Iliescu und dem slowenischen Staatschef Kuzan, beide ehemalige Kommunisten. Es sind auch keine unbestrittenen Diktatoren, denn nach dem Besuch beim ersteren habe ich Protestumzüge gegen den Staatschef erlebt, und Kuzan wiederum ist nicht in der Lage, die völlig blockierte Politik von Slowenien in Bewegung zu bringen. – Die Notenbankpräsidenten, die ich kennenlernte, dürften mit ihrem Format und Wissen jenen Westeuropas gewachsen sein.

Immer wieder bin ich im Bankenbereich Frauen in führenden Positionen begegnet, die ich als ausgesprochen überlegene Persönlichkeiten empfunden habe. Ich denke beispielsweise an die Präsidentin der polnischen Nationalbank, Frau Hanna Gronkiewicz-Waltz, die mich einst in der Frühe eines Morgens auf die Minute zur vereinbarten Zeit empfing, obschon sie am Vorabend einen Verkehrsunfall gehabt hatte und bandagiert war. Man erinnert sich bei solcher Gelegenheit beschämt der viel vernommenen Behauptung vom polnischen Schlendrian. Die Aufsicht über das ungarische Bankwesen wurde bis vor kurzem von einer Frau ausgeübt. Etliche Damen mit oft mehrjähriger Ausbildung in den USA bekleiden führende Positionen im privaten Bankgewerbe Polens. Die Beispiele liessen sich vermehren.

Die Bankenwelt im Umbruch

Meine anfänglichen Besuche bei Banken nach dem Umbruch gipfelten in der Erwartung, die leitenden Persönlichkeiten frühzeitig zu kennen und Dauerbeziehungen zu schaffen. Es waren oft alte Kader, auf die man nicht verzichten konnte, politisch Unbescholtene, denen es aber am beruflichen Rüstzeug fehlte, und solche, die die Revolution zufällig an die Oberfläche geschwemmt hatte. Immerhin erhielt ich nach einem Mittagessen in der angenehmen Ambiance eines Budapester Hotels die Gelegenheit, als erster Ausländer ein Paket ungarischer Bankaktien zu erwerben. Ein führender Repräsentant jener Bank besuchte mich anschliessend in Zürich zur Unterzeichnung des betreffenden Kaufvertrages; bis alle Genehmigungen vorlagen, inklusive jener des Finanzministeriums, dauerte es ein Jahr. Wenn man weiss, wie sich seit damals das ungarische Bankwesen entwickelt hat, begreift man meine heutige Meinung, jene behördlichen Bewilligungen wären besser unterblieben!

Die anfänglichen Führungskader der Banken sind verschwunden. Neue Kader mit guten englischen Sprachkenntnissen und oft bereits internationaler Ausbildung besetzen die leitenden Positionen. Vor der Sommerpause erlebte ich auf meinem Prager Terminplan zwei Enttäuschungen: Der zu besuchende Generaldirektor einer der grossen Banken war am Vorabend abgesetzt worden. Am gleichen Nachmittag scheiterte ein Gespräch mit dem erwarteten Manager einer anderen Bank, der ebenfalls ganz kurzfristig seines Postens zu Gunsten einer jüngeren Führungsequipe im Alter von etwa 35 bis 40 Jahren enthoben worden war. Oft noch sind diese Banken schwerfällige Bürokratien, die nur mit Mühe den Anschluss an die Zeit finden. Zudem sind sie in Ungarn mit den Milliarden von faulen Staatskrediten behaftet, welche ihnen mit der Verselbständigung seitens des Staates zwangsweise zugeteilt wurden. (Es ist kein Zufall, wenn die Schweizerische Kreditanstalt nach mehrmonatigen Untersuchungen auf eine Beteiligung an der Bank Budapest verzichtet hat.)

Die Swiss Banking School, eine vor fünf Jahren geschaffene Schule für das höhere Bankenkader, deren Stiftungsrat anzugehören ich die Ehre habe, führt neuerdings Kurse für Bankenkader aus früheren Ostblockländern durch. Die Kandidatinnen und Kandidaten werden an Ort und Stelle geprüft; eine ungenügende Fremdsprachenkenntnis – russisch ausgenommen – bildet dabei eine Schwelle, die teils nur schwer zu überschreiten ist.

Die Industrie in der Privatisierung

Schon vor 1989 herrschte in den einzelnen Ostblockländern ein unterschiedlicher Grad der Verstaatlichung. 90 Prozent der polnischen Bauern lebten auf ihrem privaten Grund und Boden, der ungarische Staatschef Kadar hatte für das Kleingewerbe die

Zügel gelockert. So lag denn auch Ungarn in der folgenden, sich allmählich abzeichnenden Liberalisierung anfänglich an der Spitze, um später von Tschechien und Polen überrundet zu werden. Privatisierungen wurden nach ähnlichem Rezept in die Wege geleitet: Für die privatisierten Unternehmen wurden der Bevölkerung Gutscheine abgegeben im Bestreben, einen breiten Volkskapitalismus zu schaffen. Das Gegenteil ist eingetreten, die Gutscheine wurden gegen geringes Entgelt von den Kapitalsammelstellen (es sind in Tschechien beispielsweise deren 45) übernommen, und diese wiederum liegen meist in den Händen der staatlichen Banken. Die Manager dieser Kapitalsammelstellen suchen Rendite, möglichst kein Risiko, unternehmerisches Denken ist ihnen fern, von Ausnahmen abgesehen. Auch die privatisierte Unternehmung entlässt keine Arbeiter. Deshalb sind die publizierten Arbeitslosenzahlen (z.B. drei Prozent für Tschechien) mit Vorbehalt aufzunehmen.

Ein Besuch beim Leiter einer privatisierten Maschinenindustrie verlief folgendermassen: Er beklagte sich über den fehlenden Absatz seiner Maschinen und sprach mich auf einen Schweizerfrankenkredit an. Ich erwiderte ausführlich, vorerst wären wohl die Bedürfnisse des Marktes abzuklären und aufgrund dieser Beurteilung ein neues Produktionsprogramm zu schaffen. Er brauche für sein Unternehmen vor allem neue Ideen. Mein Gesprächspartner lehnte jede derartige Anregung ab; sein Anliegen beschränkte sich auf zusätzliches Fremdkapital. Die Abgabe des Geschäftsberichtes wurde verweigert.

Dieses negative Beispiel eines sogenannt privatisierten Unternehmens darf nicht unbedingt verallgemeinert werden. Produkte, basierend auf modernster Technologie, werden geschaffen, doch oft gebricht es an einem Management in unserem Sinn. «Marketing» ist oft unbekannt, wurde früher auch nicht benötigt. Ebenso fehlt vielerorts eine Finanzplanung, womit Liquiditätsengpässe vorprogrammiert sind. Die Illusionen, mit einem angestammten Programm im frischen Wind der weltweiten Konkurrenz bestehen zu können, sind immer noch gross. Das dem kritischen Besucher vorgelegte Zahlenmaterial vermag westliche Wünsche oft nicht zu befriedigen. Das Rechnungswesen findet sich vielerorts in den Anfängen, von Controlling nach unseren Begriffen ganz zu schweigen. Revisionsfirmen, oft amerikanischer Provenienz, haben ihre Tätigkeit zwar aufgenommen, doch setzt ein zufriedenstellendes Auditing entsprechend vorbereitetes Zahlenmaterial voraus.

Ich erinnere mich in diesem Zusammenhang eines Gesprächs mit einem rumänischen Unternehmer in einem ihm gehörenden Nachtlokal: Er erwähnte, weitere 27 derartige Lokale in der rumänischen Hauptstadt zu besitzen, auch das Intercontinental Hotel, in dem ich abgestiegen war, gehöre ihm zu wesentlichen Teilen. Er hätte eine Firma in Lugano und eine solche in Kanada mit weiteren Aktivitäten. Auf meine Bitte, in den Geschäftsbericht seiner Gruppe Einblick nehmen zu dürfen, entgegnete er indigniert, Geschäftsberichte seien in seinem Land nicht üblich, man kenne sich. Diesen speziellen Aspekt gilt es für den schweizerischen Geschäftsmann in Rumänien mit allen Risiken zu berücksichtigen, Grosszügigkeit und Herzlichkeit der Rumänen dürfen über dieses nach unseren Begriffen fehlende Erfordernis für Geschäftsbeziehungen nicht hinwegtäuschen.

Osteuropa abseits der Bankenspur

Ein reiches, kulturelles und wissenschaftliches Erbe tut sich dem aufgeschlossenen Besucher auf. Kopernikus hat mit der Entdeckung seines Weltbildes einen der grössten revolutionären Umbrüche der Wissenschaftsgeschichte eingeleitet; er war Pole. Die Opernhäuser der verschiedenen Kapitalen sind den unseren sicherlich ebenbürtig; Sängerinnen und Sänger aus der Slowakei sind gern gesehene Gäste des Zürcher Opernhauses. Eher als im Westen habe ich in der früheren DDR in Buchhandlungen ausgesprochen viele interessierte Besucher gefunden. Vielleicht war es eine Flucht in die Literatur, eine Abkapselung in die eigenen vier Wände oder in die oft weit entfernt liegende Datscha. Noch heute weisen führende Bankiers auf den Glücksfall ihrer Datscha hin, die schwer erreichbar ohne Telefon und Fax eine ungestörte Existenz neben dem behördlichen Apparat erlaubt. Und wenn mir der Leiter einer litauischen Bank zu Beginn des Sommers schrieb, er werde bis Oktober im Urlaub weilen, verrät dies auch einen anderen Zeitbegriff. Anders als bei uns, ist dort Zeit keine Mangelware. Die vielzitierte Effizienz ist vorerst noch ein Fremdwort.

An Besuchen bei neu gegründeten Rotary Clubs hat es nicht gefehlt. Nicht anders als bei uns, hat jeder Club seinen eigenen Charakter. Erlebte ich am einen Ort eine Ansammlung von Vertretern amerikanischer Firmen und ein wenig überzeugendes Programm, war ich in einer anderen Kapitale überrascht von der Hilfsbereitschaft des jungen Clubs zu Gunsten eines Waisenhauses an der Peripherie des Landes. Immer wieder stiess ich auf die sprachliche Barriere. Selbst im Österreich benachbarten Ljubljana wird deutsch kaum gesprochen. In Rumänien wird nicht, wie erwartet, französisch vorgezogen, das Englisch als Fremdsprache überwiegt wie anderswo. Österreichische Governors halten das Heft der Clubs im Raum der früheren Donaumonarchie in Händen.

Weg vom Pauschalurteil

Es ist verständlich, wenn man komplizierte Sachverhalte vereinfacht, aber die Schlussfolgerungen sind oft falsch. Wir sprechen vom ehemaligen Ostblock und Osteuropa, als ob Tschechien beispielsweise nicht in Mitteleuropa liegen würde. Ljubljana liegt westlicher als Wien und ist von Zürich im Flugzeug in einer Stunde erreichbar. Die Einwohner Bratislavas oder ehemals Pressburgs, nebenbei bemerkt bis 1848 vorübergehend Hauptstadt Ungarns, fuhren bis zum Ersten Weltkrieg abends per Strassenbahn in die Oper nach Wien. Wir sind per Flugzeug rascher in jenen Städten als per Auto in unserem Ferienhaus in den Bergen, doch wir verwechseln geflissentlich Slowenien, Slawonien und Slowakei.

Diese Nationen haben ihre ruhm- und leidvolle Geschichte, die nachlebt. Nur Slowenien war bis 1990 nie selbständig, Kroatien nur als höriger Satellit in der Ära Hitlers. Uns wurde in der Schule nur die westeuropäische Geschichte gelehrt; es gilt jene von Ostmittel- und Osteuropa nachzuholen. Das Osmanische Reich, dessen Truppen 1683 Wien belagerten und die dann vom polnischen König Jan III. Sobieski geschlagen wurden, hat während Jahrhunderten die Geschicke Südosteuropas mitbestimmt. (Ein empfehlenswertes Buch hierüber: «Das Osmanische Reich 1300 bis 1922, die Geschichte einer Grossmacht», verfasst von Ferenc Majoros und Bernd Rill.)

Auf Stadtwanderung

Ich versuche jeweils, durch wenig zielgerichtetes Bummeln fremden Städten und ihren Einwohnern näher zu kommen. Mit Hilfe der erhaltenen Bausubstanz und der Baudenkmäler will ich gedanklich die hier lebenden Völker und ihre tragische Geschichte erfassen. Gibt es ein besseres Beispiel dafür als das alte Prag, dessen lange Zeilen repräsentativer Bürgerhäuser den Reichtum seiner Einwohner bis zum Zweiten Weltkrieg widerspiegeln? Böhmen und Mähren als Basis des Wohlstandes in der Habsburg-Monarchie, aber auch Geburtsland zahlreicher Wissenschaftler und Künstler, die sich später von Wien aus ihren Weltruf schufen. Der bedeutendste König, Karl IV. aus dem Geschlecht der Luxemburger, der in der zweiten Hälfte des 14. Jahrhunderts in Prag regiert hat und den Titel eines Kaisers des Heiligen Römischen Reiches trug, lebt in Prag in der Karlsbrücke und der Karlsuniversität fort. Die letztere war die erste Universität auf dem deutschen Reichsgebiet.

Und ausgerechnet dieses in westlicher Kultur zutiefst verwurzelte Land hat in den ersten Wahlen nach dem Krieg 1946 im tschechischen Landesteil der Kommunistischen Partei 42 Prozent gewährt. Ursache war weniger Panslawismus als unter anderem die Tatsache, dass die verbündeten Westmächte die Tschechoslowakei vor dem Zweiten Weltkrieg preisgegeben und verraten hatten, was in frischer Erinnerung war. Das Münchner Abkommen hatte zum Verlust des Sudetenlandes und später der restlichen Tschechoslowakei geführt. Die kampfbereite und gut ausgerüstete Armee dieses Landes wäre ein ernstzunehmender Gegner für den nationalsozialistischen Angreifer gewesen.

Ein Gang durch die Altstadt Warschaus, Besuch der beiden Gedenkstätten zur Erinnerung an die Aufstände von 1944. Das vom Geschlecht der Jagiellonen beherrschte polnisch-litauische Grossreich erstreckte sich um 1500 von der Ostsee bis zum Schwarzen Meer und endete im Osten vor den Toren Moskaus. In seiner grössten Ausdehnung war der polnische Staat doppelt so gross wie das heutige Staatsgebiet Frankreichs. Die Tragödien der fünfmaligen Teilung Polens in den vergangenen drei Jahrhunderten sind uns allen bekannt. Immigrierte polnische

Staatsmänner, Politiker und Künstler haben im vergangenen Jahrhundert unser öffentliches Leben in der Schweiz bereichert. Ein rundes Viertel der an den Zürcher Hochschulen immatrikulierten Studentinnen und Studenten waren nach 1850 Polen, aber auch Russen, ein kleiner Ausschnitt aus der globalen Immigration.

Geschichtsbewusste Nationen

Im Ersten Weltkrieg betrugen die polnischen Verluste 400 000 Tote; die Söhne des dreigeteilten Landes kämpften auf deutscher, österreichischer und russischer Seite. 1920 besiegte der aus Litauen stammende Marschall Pilsuzki den grossen Vormarsch der Sowjetrussen bei Warschau. Nach dem Wort eines zeitgenössischen britischen Diplomaten ging es um das Schicksal der westlichen Zivilisation. 1939 erwiesen sich die Garantien Frankreichs und Grossbritanniens gegenüber Polen fürs erste als leere Versprechen. Mit 7,5 Millionen Toten, worunter 3 Millionen Juden, hat Polen im Zweiten Weltkrieg mehr als einen Fünftel seiner Gesamtbevölkerung verloren. In Jalta wurden von den Siegermächten die polnischen Ostgebiete den Russen geopfert, die Westverschiebung führte freilich zu einer teilweisen Kompensation und zur Vertreibung von Millionen von Deutschen.

Das Königreich der Magyaren währte nach seiner Gründung um das Jahr 1000 während fünf Jahrhunderten als ein Reich, welches das heutige Kroatien, die Slowakei und Siebenbürgen umfasste. Die politisch verhängnisvolle Rolle des ungarischen Landadels hat bis nach dem Ersten Weltkrieg ihre undemokratischen Früchte getragen. Der Vertrag von Trianon hat die im Karpatenbecken lebenden 13,5 Millionen Ungaren in acht Länder verteilt. So finden sich im ehemaligen Jugoslawien 400 000 Magyaren, in der Slowakei 500 000 oder rund zwölf Prozent der Gesamtbevölkerung, und in Rumänien leben 1,6 Millionen Ungaren.

So haben wir Westeuropäer im Lauf der Geschichte und besonders in der jüngsten Vergangenheit die Erwartungen dieser Völker immer wieder enttäuscht. Diese so geschichtsbewussten Nationen haben nicht vergessen und erfahren nun die ganze

77

Hilflosigkeit des Westens im jugoslawischen Konflikt. Die internationalen Organisationen können den Genozid nicht verhindern. Wäre es so abwegig zu vermuten, in ungarischen Köpfen könnte der Gedanke einer gewaltsamen Wiedervereinigung reifen? Auf alten Landkarten aus verschiedenen Jahrhunderten gehörte Wilna zu Polen. Entsprechende Wünsche von polnischen Politikern sind vor einigen Jahren gegenüber Litauen laut geworden und wieder verstummt. Slowenien steht unter italienischem Druck wegen seiner Adria-Gebiete und blickt besorgt auf den kroatischen Nachbarn, ist doch der Gedanke an ein Gross-Kroatien neben einem Gross-Serbien nicht abwegig.

Ein verhangener Blick in die Zukunft

Präsident Walesa drückte sich angesichts der Schwierigkeiten einer effektiven Privatisierung recht anschaulich aus, wenn er sagte, aus einem Aquarium eine Fischsuppe zu machen, sei relativ einfach. Die Fischsuppe wieder in ein Aquarium zu verwandeln sei dagegen um einiges problematischer. Dies ist der eine Aspekt, der andere liegt im aussenpolitischen Bereich, deshalb auch meine historisierenden Ausführungen. Diese Völker haben in den vergangenen wenigen Jahren gelernt, dass jene Rechnung nicht aufgeht, man könne leben wie die Leute im Westen und arbeiten, wie man es in der kommunistischen Ära im Osten gewohnt war.

Eigeninitiative wächst schüchtern heran. Man sucht nun Sicherheit vor allem, denn die Familie hat ihren Besitz in den vergangenen Jahrzehnten zwei bis dreimal verloren; nicht der Kommunismus alter Prägung ist wieder gefragt, auch wenn postkommunistische Parteien jüngste Wahlen im Balkan und den baltischen Staaten gewonnen haben. Diese Sicherheit vermögen wir – wie die Gegenwart zeigt – nicht zu verschaffen. Werden sich die Staaten des westlichen Europa unter diesen Nationen – wie seit je – wieder ihre Klientel schaffen und entsprechend gegeneinander agieren? Die dadurch der Europäischen Union erwachsende Belastung und Zerreissprobe sei nur am Rande vermerkt.

Wir müssen mit diesen Ungewissheiten leben. Russland wird, wahrscheinlich unter Einbezug Weissrusslands, irgendwann wieder zur Grossmacht erstarken. Allerorts werden geopolitische Überlegungen laut, aber vielleicht wachsen wir aus der Zeit der Nationalstaaten, ein Phänomen der letzten 200 Jahre, in eine neue Zukunft hinein. Ungeachtet solcher Entwicklungen wollen wir als Schweizer diesen unseren europäischen Nachbarn nicht durch wohltönende Erklärungen unserer höchsten Magistraten, sondern durch punktuelle Hilfe zur Selbsthilfe nach besten Kräften beistehen und als Bankiers bei aller Aufgeschlossenheit jene spezifischen Verhältnisse und Unwägbarkeiten nicht aus dem Auge lassen.

Der Mensch als das Mass

> *Beginnen Sie damit, das Miteinander in Ihrer Umgebung, Ihrem Dorf, Quartier oder Unternehmen zu beleben. Schliessen Sie in einem zweiten Schritt jene Menschen ein, die das Schicksal vor Ihre Türe führt. Ein weiterer Schritt kann dann die aktive Mitwirkung an der Lösung von Problemen anderer Länder sein (Erwin Schurtenberger, eh. Schweizer Botschafter in Beijing).*

Die Verantwortung der Elite (1993)

Zur Einstimmung

In einer Zeit der Angst richtet sich die Heilserwartung auf die Zukunft, wobei der von Menschenhand geschaffene Kalender mit der bevorstehenden Jahrtausendwende eher symbolischen Charakter hat. Unser Blick und unsere Verantwortung weiten sich tief in das nächste Jahrtausend und beziehen sich auf unsere Kinder, Kindeskinder und deren Umwelt. Noch trennen uns sieben Jahre von der Jahrtausendmarke, eine historisch enge Zeitspanne, wollen wir die Menschheitsgeschichte in Teilen ändern. Machbarkeit der Geschichte, eine Frage, neben vielen anderen, die ich in meinen Ausführungen stellen werde.

Professionelle Zukunftsforscher haben es leichter. Sie lesen bestimmte Sachverhalte aus dem Umfeld und drohen mit der Apokalypse, wenn ihre absoluten Ratschläge nicht befolgt werden. Solche Darstellungen schaffen Schlagzeilen und hohe Auflageziffern, wirken aber wirklichkeitsfremd. Doch was ist die Wirklichkeit? Ich gehöre einer älteren Generation an, die Weltkriege und Krisen, aber auch den Zerfall von Grossmächten und Ideologien erlebt hat, vom stillen Sterben unzähliger Theorien und Schlagworte ganz zu schweigen. Politische, militärische, wissenschaftliche und wirtschaftliche Grössen wurden kreiert; die meisten unter ihnen sind der Vergessenheit anheimgefallen. (Man muss sich hüten, im Alter zynisch zu werden, ist doch

Zynismus ein Zeichen eigener Schwäche, bestenfalls Selbstschutz einer sensiblen Persönlichkeit.)

Mein Interesse an der Vergangenheit liess mich immer wieder zurückblicken in die Geschichte unseres Landes und jene anderer Völker, womit ich mich keinesfalls als Anhänger der vielzitierten «guten, alten Zeit» betrachte. Ich lehne jene Retrospektive ab, die Heinz Abosch in seinem Buch «Das Ende der grossen Visionen, Plädoyer für eine skeptische Kultur» in einem farbigen Vergleich wie folgt ausführt: «Die alte Knechtschaft erscheint so in rosafarbenem Licht, die beschämende Vergangenheit als hehres Zukunftsideal. Feudalismus, Kapitalismus, Nationalismus, Religionsfanatismus werden als klapprige Schindmähren aus verrotteten Ställen gezerrt, um den Weg in eine heile Gesellschaft zu weisen.» Diese abzulehnende Nostalgie schliesst den Versuch nicht aus, behutsam Lehren aus der Geschichte zu ziehen, sie sinnvoll mit Gegenwart und Zukunft zu verweben.

Auch der ältere, kritische Zeitgenosse blickt besorgt nach vorn. Gegenüber meinen Mitarbeitern bezeichne ich mich gelegentlich – vielleicht etwas selbstüberheblich – als den Förster, der die Baumschule mit den Tausenden von kleinen Bäumchen anlegt, in der Hoffnung, dass die folgenden Generationen den Wald geniessen werden. Jean Giono hat in einer wunderbaren Erzählung dargestellt, wie ein Hirte in der Provence während Jahrzehnten kleine Bäume pflanzte und das Heranwachsen zum Wald noch erleben durfte. Wer so denkt, vermag kaum jener von Politwissenschaftlern vertretenen Meinung zu folgen, die geschichtslose Zeit stehe bevor. Nach den Zusammenbrüchen aller Hoffnungen und der theoretischen Grosskämpfe blieben – so diese Theorie – nur noch Verdruss, Langeweile, Melancholie.

Bezeichnend vielleicht, dass das Attribut «post» so häufig verwendet wird wie etwa in der Posthistorie, Postmoderne oder der Postliteratur, wobei wohl ein nachfolgendes Ende oder eine entscheidende Zäsur erwartet werden. Ein Theoretiker der Posthistorie war Hendrik de Man, der schon 1951 in «Vermassung und Kulturverfall» die Zeitenwende wie folgt beschrieb: «Den Menschen ist die Machbarkeit der Geschichte entglitten, die entstandenen Riesenapparate sind unregierbar geworden und bewegen sich selbständig nach eigenen Gesetzen» (zitiert aus Abosch, S. 161/62). Die Frage der Machbarkeit der Geschichte stellt sich erneut.

Elite definiert sich nicht hierarchisch

Das mir gesetzte Thema spricht nicht den kritischen Zeitgenossen schlechthin an, sondern die sogenannte Elite, ein Ausdruck, dem hierzulande, wohl als Nachwirkung der Egalité der Französischen Revolution und eines falsch verstandenen Demokratiebegriffes, gerne mit der Egalität, der Gleichheit aller, begegnet wird. Elite zu leugnen ist wirklichkeitsfremd und sinnlos, doch sie ist von oft schwer fassbaren Vorurteilen zu lösen. Elite hat nichts mit Geld zu tun, ist nicht deckungsgleich mit einem oberen Platz in den Hierarchien, noch weniger verbunden mit Titeln und Auszeichnungen. Der deutsche Journalist Günther Ogger hat in seinem Buch «Nieten in Nadelstreifen», freilich in oberflächlicher Weise, aufzuzeigen versucht, wieviele Nieten auch heutzutage Chefetagen bevölkern. Nein, die Elite möchte ich anders umschreiben. Es sind die Fragenden, die Suchenden, die an sich selbst Zweifelnden. Sie versuchen, etwas durchzudenken, zu entwickeln, zu bewegen. Neben den geschmähten und dennoch nötigen Macher tritt der Geisteswissenschaftler verschiedenster Couleur.

Daneben erleben wir die Scheinwelt der Prominenz, die uns von den Medien hautnah in allen Facetten des täglichen Lebens präsentiert wird und sich oft gegenseitig emporstilisiert. Kaiser, Zaren, Päpste und Könige bevölkern diese Bühne und werden es im Zeichen des intensivierten Konkurrenzkampfes unter den Medien noch vermehrt tun. Schade nur, dass manche Vertreter der wirklichen Elite auch mediensüchtig geworden sind und jenen Satz, der einer älteren Generation geläufig war, vergessen haben, nämlich das «Mehr sein als scheinen».

Erlauben Sie mir einen zweiten Hinweis: Es ist die Schweiz, die angesprochen wird, weder Europa noch die Globalität der Menschheit. Der Gedanke, dass, wer kritisiert, zuerst vor der eigenen Tür kehren soll, stand bei der Themenwahl wohl unbewusst im Vordergrund, vielleicht auch ein insulares Empfinden, das uns zu Recht oder Unrecht immer wieder vorgeworfen wird und aus unserer Geschichte der letzten hundert Jahre verständlich ist. Es stellt sich in diesem Zusammenhang die Frage der Zukunft des Nationalstaates, eines Kindes des letzten Jahrhunderts, dessen dauernde Stärke im Zeitalter weltweiter Konzerne mit einem Fragezeichen zu versehen ist. Paul Kennedy spricht in seinem lesenswerten Buch «In Vorbereitung auf das 21. Jahrhundert» von der Erosion der Nationalstaaten. Eng verbunden mit dieser angedeuteten Entwicklung ist jene der freien Marktwirtschaft; die Auswirkungen der Globalität in technologischer, vor allem aber auch menschlicher Hinsicht sind zu berücksichtigen. Fundamentalismus, Verarmung, Konzentration der «high technology» auf gewisse Zentren und die Perspektiven der Gentechnologie lassen sich in ihren Auswirkungen von der Schweiz nicht fernhalten.

Versuch einer Inventaraufnahme

Das Wahrnehmen von Verantwortung ganz allgemein setzt eine Auflistung derzeitiger und sich abzeichnender Chancen und Risiken voraus. Sie sind – wie erwähnt – zumeist grenzüberschreitend und verwischen oft die hergebrachten Begriffe der Ersten, Zweiten und Dritten Welt. Sie sind so vielfältig und erstrecken sich auf geistige und materielle Bereiche, dass nur einige wenige Phänomene an dieser Stelle andeutungsweise erwähnt werden können. Unsere moderne Industriegesellschaft ist in immer mehr Berufe mit verschiedenartigen Berufserlebnissen, Wertungen und Begriffen aufgegliedert – ein Ausfluss der viel zitierten Spezialisierung. Die Transparenz der Agrargesellschaft ging im 19. Jahrhundert mit dem Aufkommen der Industrialisierung schrittweise verloren. Man spricht verschiedene Sprachen innerhalb des gleichen Idioms, und innerhalb des selben Unternehmens findet man keine Zeit mehr zur Kommunikation. So können Irrtümer, wie sie menschlich sind, nicht ausgeräumt werden; Vorurteile und Ressentiments häufen sich. «Effizienz» heisst die Parole unserer krisengeschüttelten Tage, doch was besagt dies? Wenn tausende von Autozulieferanten aus Preisgründen zur Aufgabe ihres Unternehmens gezwungen sind, führen wir die vielgelobte freie Marktwirtschaft ad absurdum. Ein deutscher Unternehmensberater meinte dazu in der deutschen «Wirtschaftswoche»: «Wenn Effizienz oberster sittlicher Massstab sein soll, dann haben wir das Faustrecht wieder eingeführt.» Doch wo liegen die Grenzen des sogenannten Lean Management?

Die Arbeitslosigkeit wird zur Dauererscheinung, die weit über die derzeitige Krise hinausreicht. Sie darf nicht als Zeitphänomen lediglich konstatiert und mit Palliativmitteln bekämpft werden, denn ihre Existenz nagt an den Wurzeln unserer Gesellschaft. Zur Würde des Menschen gehört heutzutage der Anspruch auf Arbeit. Wir haben uns von der frühkapitalistischen Erbschaft zu lösen, als aus Organisationsgründen die Arbeitsplätze in den Fabriken schichtweise zu bestimmten Zeiten zu besetzen waren. Ein neues Arbeitsverständnis drängt sich auf, mit dem wohlfeilen Verlangen auf Reduktion der wöchentlichen Arbeitszeit ist es nicht getan. Teilzeitarbeit und flexible Altersgrenze heissen wohl die Stichworte, die mit Substanz zu füllen sind.

Die Wissenschaften bewegen sich auf einem für den Aussenstehenden schwer abschätzbaren Experimentierfeld. Ein schweizerischer Nobelpreisträger erklärte mir vor einigen Jahren, als ich mich bei ihm nach der praktischen Verwendbarkeit seiner preisgekrönten Arbeit erkundigte, das wisse er auch nicht, denn dies werde sich erst im Laufe der Jahre zeigen. Die Spezialisierung der Wissenschaftler führt zu Abhängigkeiten vom Urteil weniger Fachleute. Wieviel anders lautete beispielsweise vor wenigen Generationen die anerkannte Lehre zur Nutzung der Wälder?

Unser politisches Umfeld ist aufgebrochen. Die Machtblöcke gehören der Vergangenheit an, und schon spricht eine neue Schule (zitiert aus Foreign Affairs, Sommer 1993) von einer Gruppierung der Welt nach Kultur und Zivilisationen. «Civilization identity will be increasingly important in the future, and the world will be shaped in large measure by the interactions among seven or eight major civilizations. These include Western, Confucian, Japanese, Islamic, Hindu, Slavic-Orthodox, Latin-American and African civilizations. The most important conflicts of the future will occur along the cultural fault lines separating these civilizations from one another.» Und handkehrum zeigen sich in der neuen Literatur Hinweise auf die «Festung Europa», die es zu verteidigen gelte. Vielgenannte

Institutionen nähern sich dem Abfalleimer der Geschichte, wenn es nicht in letzter Minute gelingt, sie mit neuem Gehalt zu füllen.

Angesichts des Zusammenbruchs des Nachkriegsweltbildes macht sich Angst breit. Angst aber erzeugt Phänomene, wie sie uns in Zeiten der Bedrängnis unserer Vorfahren immer wieder begegnen. Der grassierende Fundamentalismus auf den verschiedensten Gebieten gibt uns einfache Antworten und schafft vielleicht auch neue Feindbilder, an denen wir uns orientieren zu können glauben. Hexenverfolgungen, die Verteufelung des Gegners, haben eingesetzt und mit der raschen, pauschalen Etikettierung des anderen wird nicht gesäumt. Ich meine, dass wir gerade in dieser kritischen Phase unserer Geschichte nicht auf das verständnisvolle Gespräch verzichten dürfen. Ein Dialog unter Gleichgestellten mit dem Bestreben, den anderen zu verstehen – nichts Schlimmeres als ein Beharren und eine Abkapselung aus vermeintlicher Stärke!

Zeit für verantwortliches Handeln

Vielleicht lassen uns die Globalität, die Komplexität der Probleme resignieren oder den bequemen Weg der Zuschiebung der Verantwortung auf die Politiker gehen. Politiker sind ein Spiegelbild ihrer Wählerschaft, verkörpern zumeist Mittelmass, denn die Demokratie erträgt in halbwegs normalen Zeiten keine herausragenden Persönlichkeiten. Auch grosse Staatsmänner versagen oder geniessen erst nach ihrem Tod die ihnen gebührende Anerkennung (ich denke in diesem Zusammenhang an den amerikanischen Präsidenten Harry Truman, auf das beste dargestellt in der Biographie seiner Tochter Margaret Truman).

Der durchschnittliche Politiker spricht – vereinfacht ausgedrückt – oft zum Fenster hinaus und handelt bezogen auf die nächsten Wahlen. Die demokratisch-numerische Mehrheitsakzeptanz ist ihm ausschlaggebendes Kriterium und Wegweiser. Jener Vorschlag von Friedrich August von Hayek, dem Nobelpreisträger 1974 für Wirtschaftswissenschaften, wonach in jedem Land ein zusätzliches Parlament gebildet werden solle, rekrutiert aus Vertretern bestimmter Jahrgänge und einmalig gewählt für mindestens sechs Jahre, bleibt wohl eine schöne, aber unrealisierbare Vision. So jedoch könnten die nicht mehr ein zweites Mal wählbaren Abgeordneten unbeirrt den jeweils sachlich richtigen Entscheid suchen.

Wir können uns nicht der Verantwortung entziehen, ungeachtet der Schwere der Probleme. Die Absonderung von der Gesellschaft und der Rückzug in die Familie oder eine irgendwie gestaltete, vermeintliche Idylle finden zwar ihre Parallele im Biedermeier nach den Napoleonischen Feldzügen, sie schaffen aber keine Ansätze zu Lösungen. Die gesellschaftlichen Erschütterungen und Exzesse, wie sie uns beispielsweise Lukas Hartmann in «Die Seuche» für die Pestjahre im Mittelalter anschaulich schildert, finden ihre heutigen Wiederholungen breitgewalzt in der Boulevardpresse. Sie dürfen nicht Anlass zu einer zukunftsbezogenen Abstinenz sein.

Den Kainszeichen, wie ich sie beispielsweise anführte, liessen sich weitere angliedern. Wir haben es verpasst, solche Ansätze in der Frühphase zu erkennen und zu bekämpfen. Keiner von uns ist ein St. Georg; deshalb sollten wir den Drachen im Kindesalter nach dem Ausschlüpfen bekämpfen. Ich erwähne die Zersiedelung der Landschaft, die uns bei Wanderungen seit Jahrzehnten ein Dorn im Auge ist und die wir geflissentlich weiter wuchern lassen. Ich denke an die geistige Umweltverschmutzung, die uns nicht minder bedrängt als die sich häufenden Abfallberge. Die Stimmen mehren sich, die von einer institutionalisierenden Benachteiligung der Alten als Stimmbürger sprechen – als ob dies keine Diskriminierung wäre. Wer hat schon den Mut, als rückständig eingestuft zu werden? Ich entsinne mich jener zahlreichen Wirtschafts-Wunderkinder, die unsere Volkswirtschaft Milliarden kosteten, welche uns heute fehlen. Wieviele Angehörige der Elite haben diese vermeintlich einmaligen Persönlichkeiten gepriesen, gekatzbuckelt und treten nun nach deren Fall gnadenlos auf ihnen herum? Und schon steht eine neue Generation von Wirtschafts-Desperados in den Startlöchern, um dereinst ebenfalls ihre kritiklosen Bewunderer zu finden.

Wir brauchen eben den Mut zur eigenen Meinung und die Bereitschaft, unsere Ansichten nach aussen zu vertreten. Mich persönlich beschäftigt der Hang mancher Angehörigen der sogenannten Elite, nur nie zum «Spielverderber» zu werden, mehr als die sich häufenden Abfallberge. Wir brauchen vermehrt «Spielverderber», Menschen mit eigenen Ansichten und Visionen. Wir müssen allerorts mit Bedacht experimentieren und uns dabei jenes Satzes des ermordeten Präsidenten Kennedy von 1961 erinnern: «Before my term is ended, we shall have to test anew whether a nation organized and governed such as ours can endure. The outcome is by no means certain.» Dieser Mut zum Experiment bezieht sich nach meinen Überlegungen nicht nur auf geschäftliche Sphären, sondern auf den Staat als Ganzes.

Aus tradierten Denkschemata ausbrechen

Immer wieder fallen wir Schlagworten zum Opfer, gesittete Glieder einer kritiklosen Konsumgesellschaft. Wir wanken von Betroffenheit zu Betroffenheit. Wir huldigen oft dem Fernstweh, was besagt, dass uns Leiden vor der eigenen Haustür weniger beschäftigt als die Not von Mitmenschen auf fernen Kontinenten. Man spricht von der sogenannten Angstlust des Lesers oder Zuschauers, der voll Schauern auf das Fremdartige blickt, das ihm ein selbsternannter Experte nahebringt. Diese verschiedenen Hinweise münden in die Feststellung, dass wir immer wieder zu unkritisch waren, Modeströmungen folgten und die Medien Prioritäten setzen und Gewichtungen vornehmen liessen. Wir müssen eben – soweit dies in unseren Kräften steht – vermehrt hinterfragen und unsere Ansichten vertreten, sei es auch nur für die kleine Welt, in die uns das Schicksal gestellt hat. Wir wollen kritische Zeitgenossen sein, aus tradierten Denkschemata ausbrechen und jene Eigenschaft entwickeln, die uns weitgehend abhanden gekommen ist, die Zivilcourage.

Damit ändern wir nicht den Weltenlauf, was uns als kleiner Teil des Ganzen auch nicht zusteht. Die zu Unrecht herrschende Ich-Bezogenheit des modernen Menschen zeigt sich jedoch in ihrer Begrenzung. Erwin Schurtenberger, der ehemalige Schweizer Botschafter in Beijing, bringt in seinem Buch «Aufbruch zu einer Reise nach Innen» meine Ansichten einfach und prägnant zum Ausdruck, wenn er sagt: «Auch wenn Ihr Beitrag zu einem Leben miteinander mühsam und von Rückschlägen gezeichnet sein wird, dürfen Sie ihn nicht verweigern. Beginnen Sie damit, das Miteinander in Ihrer Umgebung, Ihrem Dorf,

Quartier oder Unternehmen zu beleben. Schliessen Sie in einem zweiten Schritt jene Menschen ein, die das Schicksal vor Ihre Türe führt. Ein weiterer Schritt kann dann die aktivere Mitwirkung an der Lösung von Problemen anderer Länder sein.» Im gesellschaftspolitischen Bereich will dies unter anderem wohl besagen, dass wir einander helfen müssen, uns aus intellektueller Bequemlichkeit zu lösen und ein antizipierendes Verständnis für das zu schaffen, was auf uns zukommt. Es sind höchstens Facetten im historischen Ablauf, die zu setzen uns vergönnt sind. Facetten als Ergebnis von Einsichten und Visionen, geschaffen in jahrelanger Beharrlichkeit und versehen mit dem Sinn für das praktisch Machbare. Der grosse Wurf – mit dem Blick auf das Ganze – auf Teilschritte reduziert. Und mit dieser realistischen Beurteilung wäre wohl das versöhnliche Wort gegenüber den führenden Köpfen unserer Politiker gesprochen.

Der «Dank des Vaterlandes»

Das Glück verteilt seine Preise mit leichter Hand. Dem Tätigen in der kleinen, überblickbaren Gemeinschaft winkt vielleicht die Anerkennung seiner Nachbarn, dem anderen in einer exponierteren Position gar der Lorbeer des Historikers. Doch wie zufällig sind diese Gunstbeweise! Alfred Escher, ungekrönter Wirtschaftsführer und treibende Kraft beim Bau der Gotthardlinie, wurde nicht einmal zur Eröffnung des Gotthardtunnels eingeladen. Die Geschwister Scholl, jene Münchner Studenten, die im Widerstand gegen den Nationalsozialismus starben, werden zu Recht einer jungen Generation immer wieder in Erinnerung gerufen. Arno Esch, ein liberaldemokratischer Student der DDR, wurde, als 23-Jähriger, am 20. Juli 1950 vom sowjetischen Militärtribunal Schwerin als Gegner des roten Absolutismus zum Tode verurteilt und hingerichtet. Er wäre vergessen worden, wäre nicht ein Buch über ihn, betitelt «Mein Vaterland ist die Freiheit, das Schicksal des Studenten Arno Esch» erschienen. Wenn wir uns nach jenem Satz richten, dass jede Generation ihre Geschichte neu schreibt, verliert das Argument des historischen Dankes ohnehin an Gewicht.

Den Dank empfangen wir aus der Sache, im Bewusstsein, etwas nach besten Kräften bewegt und vielleicht sogar vollendet zu haben. Dieses Gefühl, rückblickend sagen zu dürfen, man habe seine Pflicht getan, bedeutet – zumindest für die ältere Generation – genügend Dank und Genugtuung. Wenn es uns gleichzeitig gelingt, im Laufe eines langen Lebens unsere eigenen Grenzen zu erkennen, in deren Rahmen mit Verantwortung zu handeln und das Unabwendbare mit Gelassenheit zu tragen, können wir uns dereinst eines sinnvoll verbrachten Lebens erinnern. Meine Folgerungen sind nicht spektakulär. Unsere Geschichte ist nicht machbar, und dennoch dürfen wir nicht passiv bleiben. Wir sind aufgerufen, Probleme und Phänomene frühzeitig zu erfassen und mit Zivilcourage die uns richtig erscheinende Lösung zu vertreten. Es sind Mosaiksteinchen im Bild der Zukunft, die wir zusammentragen. Bleiben wir offen, mutig und hartnäckig, auch wenn unsere Aufbauarbeit durch die Macht der Umstände über Nacht zerstört werden sollte.

Elite und Gleichheit (1999)

Gleichheit in Philosophie und Theorie

Seit rund 2000 Jahren setzen sich Philosophen und Gesellschaftskritiker mit den beiden Begriffen Elite und Gleichheit auseinander. Ich möchte diesen Theorien, die alle aus der betreffenden Zeit verstanden sein wollen, nicht eine weitere beifügen, versuche jedoch diese Begriffe für das moderne Unternehmertum, aber auch als kritischer Staatsbürger, zu deuten. Abgrenzungen gegen jüngste Fehlentwicklungen sind vorzunehmen. Dies schliesst einen gelegentlichen Rückblick in die Geschichte der Menschheit nicht aus.

Gleichheit bezeichnet keinen Sachverhalt an einzelnen Personen, sondern die Beziehung zwischen diesen Individuen. Es ist die Gleichheit in einer bestimmten Hinsicht, der politischen beispielsweise. Philosophen der Antike haben sich um diesen Begriff bemüht, so Platon und Aristoteles. Die Gleichheit der Bürger nach dem Gesetz wurde zum zentralen Begriff im politischen Kampf Athens im 5. Jahrhundert. Das Christentum entfaltete in der Spätantike mit dem Begriff der Gleichheit aller Menschen vor Gott seine grosse Wirksamkeit. In den Bauernkriegen Europas im 16. Jahrhundert wird die Gleichheit immer mehr zu einem sozial-utopischen Begriff. Der Reformator Martin Luther schränkt die Gleichheit auf das innere Sein ein, und schliesslich schafft Jean-Jacques Rousseau den neuen revolutionären Gleichheitsbegriff, wie er uns in der Egalité der Französischen Revolution entgegentritt. Das liberale Bürgertum des 19. Jahrhunderts sucht seine Stellung gesellschaftlich wie auch politisch durch eine besondere Definition der Gleichheit zu verbessern, wogegen Karl Marx beim Entwurf seiner «klassenlosen Gesellschaft» kritisch angeht.

Gleichheit als Chancengleichheit?

Gleichheit war eigentlich immer die Gleichheit innerhalb einer bestimmten Volksgruppe oder religiösen Gemeinschaft, der Angehörigen der städtischen Handwerkerinnungen (Zünfte) oder der Gläubigen der staatlich anerkannten Kirche beispielsweise. Im Nationalstaat entstand die Rechtsgleichheit der Bürger vor dem Gesetz, und heutzutage neigt man wohl zur Auffassung, dass Gleichheit als Chancengleichheit zu verstehen sei; gleiche Ausbildungsmöglichkeiten ungeachtet der Herkunft, der politischen Überzeugung und der pekuniären Verhältnisse. Diese Botschaft tönt verlockend, doch sie wird vom Menschen immer wieder ad absurdum geführt: Ist der das Recht anwendende Richter politisch und gesellschaftlich unbefangen? Wird der Kandidat nur aufgrund seiner Ausbildung qualifiziert und gewählt? Räumt man den Frauen gleiche Rechte und Chancen im Berufsleben ein wie ihren männlichen Kollegen? Drei Fragen stellvertretend für manche andere. Und schliesslich hat der Schöpfer den Menschen – biblisch ausgedrückt – eine unterschiedliche Anzahl von Pfunden in die Wiege gelegt. Auch die Willensschwachen und Faulen gehören in die menschliche Gemeinschaft, deren Individuen, charakterlich und intellektuell so unterschiedlich ausgestattet, nicht gleich sind. Aus dieser Ungleichheit erwächst die Verantwortung der Elite – einer Elite nota bene, die führt, das erlösende Wort spricht, neue Wege aufzeigt und nichts mit dem sogenannten Establishment oder den Pseudo-Helden auf den Titelseiten der Boulevardblätter zu tun hat.

Das Mehr-von-sich-Verlangen

Wie bereits erwähnt ist Elite keine geschlossene Kaste oder Klasse, sie trägt weder Titel noch äusserliche, gemeinsame Merkmale (wenn ich von den von mir nicht ganz ernst genommenen Statussymbolen absehe). Auch eine höhere Schulbildung reicht für dieses stolze Attribut nicht aus. Geld ist ebenfalls indifferent, sofern wir nicht die Art des Erwerbs und seine spätere Verwendung berücksichtigen. José Ortega y Gasset sagte, der Aristokrat sei derjenige, der mehr von sich verlange und deshalb mehr leiste – und nur solange er sich so verhalte. Diese Definition darf ich für die Elite übernehmen.

Das Mehr-von-sich-Verlangen gilt zweifellos für alle Bereiche des menschlichen Lebens. Es ist im Individuum getragen von einer inneren Flamme, die der harmonischen Ausgewogenheit zuwider läuft und sich nach aussen zumeist in Ungeduld äussert. Diese Haltung tritt in Erscheinung, durch das Wort oder durch die Tat. Mit der stillen Reflexion allein ist es nicht getan. Mit dem Wort zeigt der Zukunftsgerichtete neue, unkonventionelle und unbequeme Wege und Lösungen auf. Er verstösst damit gegen Routine, Passivität, Lethargie und Resignation seiner Umwelt. Im Unternehmen ist er vielleicht ein unbequemer Querdenker, der seine Ansichten zu äussern wagt und sich nicht hinter einem Kollektiv von Führungskollegen verbirgt. Diese Chance versteht man in der amerikanischen Wirtschaft zu nutzen, indem man dem originellen Denker die Möglichkeit zur Realisierung seines Projektes gibt.

Vorbild soll er sein, der Chef, will er der Elite angehören. Er bestimmt die Unternehmenskultur in weiten Teilen, versteht es, unter den charakterlich verschiedenen Persönlichkeiten seines Kaders auszugleichen und immer wieder Zeit für die Suche nach geeignetem Nachwuchs in die Führungsetagen zu finden. In der reichen Literatur des 17. Jahrhunderts zur damaligen, militärischen Elite findet sich oft der Hinweis zur Beharrlichkeit, zur «perseverance», so bei Wilhelm dem Schweigsamen von Oranien (1533–1584) oder bei dem berühmten Festungsbauer und Belagerungsspezialisten des französischen Sonnenkönigs, dem Sir de Vauban (1633–1707). Und Jacob Burckhardt kommt in seinen weltgeschichtlichen Betrachtungen auf die Belastbarkeit der Führungspersönlichkeiten zu sprechen. Beide Eigenschaften, die Beharrlichkeit und die Belastbarkeit, ihrer bedarf heutzutage die Führungspersönlichkeit, der Angehörige der Elite.

Der ehemalige deutsche Bundespräsident Roman Herzog erwähnte in einer Rede über Begabung und Elite: «Die Verbindung von Intellektualität und Glauben, von wissenschaftlicher Leistung und grundlegenden Werthaltungen ist wichtig. Wissenschaftliche Begabungen und intellektuelle Brillanz können ja niemanden von der Frage dispensieren: Wofür stehst Du? Welche Werte werden von Dir verwirklicht, welche verteidigt? Wie stellst Du Dir eine menschliche Gesellschaft vor? Wir brauchen Menschen, die sich unkorrumpierbar zeigen gegenüber dem kurzfristigen Zeitgeist.»

Der Elitäre ist kein Musterschüler

Die Elite braucht ihre moralische Basierung. Unsere abendländische Moral ist vom Christentum geprägt, so sei jener Satz aus dem Römerbrief von Paulus (Kap. 15.2) in Erinnerung gerufen, wonach die Starken (und damit soll sich die Elite angesprochen fühlen) verpflichtet sind, die Schwachheiten der Ungefestigten zu tragen und nicht zum eigenen Gefallen zu leben. Wenn Jesus das Kind in die Mitte stellt, so wird dies zu einem tiefen Symbol der Verantwortung des Starken, des Grossen für die, die sich selber (noch) nicht wehren können. Der Elitäre ist kein farbloser Musterschüler, quasi eine Ansammlung guter Eigenschaften. Er ist ein Mensch mit seinen Zweifeln und Schwächen. Dr. Samuel Johnson, der grosse «homme de lettres» des englischen 18. Jahrhunderts, sagte: «Every man knows something worse of himself than he is sure of in others.» Und irgendwo steht geschrieben: «Wo viel Licht ist, ist auch viel Schatten.»

Die besten Beispiele dafür aus der jüngsten Vergangenheit bilden für einen Westeuropäer wohl der englische Staatsmann Winston Churchill und der verstorbene französische Staatspräsident Charles de Gaulle. Selbstüberschätzung, Intoleranz und Schulmeisterei begleiten oft dominierende Persönlichkeiten aus Politik und Wirtschaft. Wie sagte schon einige Jahrhunderte zuvor der berühmte Prinz Eugen zu seinen Offizieren: «Messieurs, vous avez toujours à servir d'example, mais d'une façon si légère et si agréable que personne ne saurait vous en faire une reproche.»

Zeigt sich nicht umgekehrt die moralische Grösse der Elite darin, dass ihr die eigene Unvollkommenheit und Gebrechlichkeit bewusst ist? Da ist die schöne Meditation in Shakespeares «König Heinrich V.», zu Beginn des vierten Aktes, wo der König incognito durch das Lager geht, um die Stimmung seiner Leute zu fühlen, mit ihnen ins Gespräch kommt und daran anknüpfend über Gleichheit und – königliche – Elite meditiert. Und da ist die grossartige Szene, welche sich beim Tod jedes Herrschers aus dem Haus Habsburg wiederholte. Wenn der Sarg vor der Kapuzinergruft, der Grabesstätte, ankam, klopfte man an die Türe. Auf die Frage, wer poche, kam die Antwort: «Seine Majestät, der Kaiser, König von Ungarn…» und die Antwort hiess: «Den kennen wir nicht.» Erst als nach dem dritten Pochen und nach der dritten Frage die Antwort lautete: «Ein armer Sünder», wurde die Gruft geöffnet und der Sarg kam zur Ruhe. «Death is a great leveller», heisst das auf Englisch.

Das Erlöschen der Flamme

Ortega y Gasset erwähnte die zeitliche Beschränkung der Zugehörigkeit zur Elite. Wer nichts mehr von sich verlangt oder verlangen kann, gehört nicht mehr dazu, eine harte Feststellung angesichts des menschlichen Alterungsprozesses. Unsere Gesellschaft hat für die Betätigung im Anstellungsverhältnis starre Altersgrenzen für Männer und für Frauen gesetzt, die hoffentlich in den nächsten Jahren einer flexibleren Lösung weichen. Aber auch wer in seiner Entscheidungsbefugnis frei ist, hat irgendwann zurückzutreten und den Jungen Platz zu machen. Allzu viele Zerrbilder alter Chefs bevölkern immer noch die Bühne, Altersaktivismus, Handeln zur Selbstbestätigung und bar des Sinnes, wirkt deklassierend.

Doch es gibt die Möglichkeit, neuen Horizonten zuzuschreiten, auf neue Ziele hinzuarbeiten. Ich bin nicht mehr aktiver Bankier und bekleide nur noch den viel- oder nichtssagenden Titel eines Ehrenpräsidenten. Neue Aufgaben locken, so das dauernde Gespräch mit der Elite und der Jugend früherer Ost-blockländer. Auf verschiedene Weise versuche ich zu erreichen, dass wir uns näher kommen und uns verstehen, dass die geistigen Mauern endlich abgebaut werden und wir uns alle als Europäer mit einer gemeinsamen Geschichte und basierend auf den nämlichen Wertbegriffen kennen- und verstehenlernen.

Die kleine, innere Flamme, von der ich sprach, soll uns Älteren lange erhalten bleiben.

Geld, Reichtum und Moral (1997)

Andere Zeiten, andere Sitten?

Vor über 200 Jahren und aus dem Blickwinkel jener Zeit verständlich schrieb Adam Smith, der Begründer der klassischen Nationalökonomie, in seinem Buch über den Reichtum der Nationen: «Der wirkliche Preis einer jeden Sache, d. h. das, was die Erwerbung irgendeiner Sache dem, der sie erwerben will, wirklich kostet, ist die Mühe und Beschwerde, welche die Erwerbung bedingt.» Die Zeiten haben sich geändert, aber haben dies die Wertmassstäbe auch? Schon beim Begriff des Verdienens gilt es, eine vorsichtige Sonde anzusetzen. Gewiss, der Verdienst aus eigener Arbeit findet seine allgemeine Anerkennung, wenn er nicht auf dem Rücken anderer erreicht wurde. Der Hinweis auf den Marxismus drängt sich auf. Aber schon bei der Frage, ob ein Verdienst, der ein gewisses Mass überschreite, amoralisch sei, scheiden sich die Geister. Überlegungen zum persönlichen Risiko und dessen Entschädigung spielen hinein.

Auch Spekulationsgewinn ist ein Verdienst im weiteren Sinn, wird oft als moralisch minder eingestuft und entsprechend (wenigstens in Deutschland) strafweise besteuert. Ist aber nicht jedes Eingehen von Risiken eine Spekulation, die mit der Begehung neuer unternehmerischer Wege in unserer Zeit des Umbruchs eng verbunden ist? Der Schweizer Schriftsteller Peter Bichsel bemerkte hierzu an einem Gewerkschaftskongress: «Reichtum kann Arbeit lächerlich machen, wenn man mit Geld allein, mit Spekulation, mehr verdienen kann als mit Arbeit.»

Reichtum – ein relativer Begriff

Noch differenzierter wird das Bild in den Augen der Öffentlichkeit, wenn es um das Produkt des Verdienens, das Geld oder das, was mit dem Geld erworben wurde, geht. Denn Geld ist doch auch für den modernen Menschen zumeist nur eine Übergangsphase in Form von Bargeld, Bankguthaben, Spar- und Sichteinlagen, das einer konkreten, greifbaren und sichtbaren Anlage ruft. Was ist Reichtum eigentlich, ungeachtet der in der Zeit schwankenden Moralauffassung? Ein deutscher Freund sagte mir vor vielen Jahren gesprächsweise, sein grösster Reichtum sei im Russlandfeldzug nach vielen Tagen des Hungers einmal ein Stück Brot gewesen. So ist Reichtum relativ, und jener, der sich in materiellen Ambitionen erschöpft, wird nie genug davon haben.

Reichtum sei das Vermögen, das unserem Nächsten nützen könne. Es heisse Vermögen, weil es etwas vermöge und nütze, es sei zum Nutzen der Menschen von Gott geschaffen, schreibt Clemens von Alexandrien unter dem Titel «Welcher Reiche wird gerettet werden?». Doch wie soll ich im heutigen Sozialstaat meinen Mantel (im übertragenen Sinn) mit dem Armen teilen, den es in der lautstarken Hektik unserer Tage in seiner dunklen Ecke zu finden gilt? Das «kleine Mädchen mit den Schwefelhölzern» von Andersen, das mich bei der Lektüre als Bub zu Tränen gerührt hat, findet sich nicht mehr auf unseren Strassen. Wollen wir uns der Anonymität karitativer Organisationen anvertrauen, um Gutes zu tun, wenn der kritische Bankier der dem Gesuch beigefügten Jahresrechnung entnimmt, dass ein höherer Prozentsatz der verfügbaren Mittel für die Administration Verwendung findet? Nein, es ist heutzutage nicht mehr leicht, barmherzig zu sein, und allzu rasch wird das gutgemeinte Geschenk vom Empfänger zum Almosen degradiert.

Die Verlockungen des «raschen Geldes»

Eine besondere Kategorie moderner Zeitgenossen bedarf in diesem Zusammenhang der Erwähnung. Das «rasche Geld» ist wieder in vieler Leute Mund. Vor allem auf der Bühne Wall Streets haben sich Akteure als Raider oder Insider-Spekulanten über Nacht riesige Gewinne erworben. In «Fegefeuer der Eitel-keiten» schildert Tom Wolfe diese dem Tageserfolg verpflichtete Mentalität. An Anbetern und Mitläufern auch in Europa fehlt es nicht, Selbstbedienungsmentalität macht sich breit. Und tröst-lich ist es höchstens, wenn man, wie der Sprechende, durch Jahrzehnte zurück verfolgen kann, wie der rasche Gewinn sich zumeist in kürzester Frist wieder verflüchtigte. Erstaunlich nur, wie viele angesehene Persönlichkeiten sich wie Mücken im Licht dieser Arrivierten tummeln! Sind diese Mitläufer blosse Geniesser der Brosamen, die in reichem Mass vom Tisch der Fi-nanzprominenz abfallen oder sonnen sie sich im kurzlebigen materiellen Erfolg und Luxus des Gastgebers?

Geld, Vermögen, Reichtum, sie haben an sich nichts mit Mo-ral zu tun, wohl aber die Art des Erwerbs und der Verwendung. Die Globalität der Wirtschaft schafft neue Möglichkeiten der Kriminalität, die Tatbestände sind heutzutage wohl viel kom-plexer und die Strafuntersuchungsbehörden überfordert. So ist das Risiko, erwischt zu werden, insgesamt wohl geringer ge-worden, doch hierauf kommt es nicht an. Was zählt, ist die Be-antwortung der Frage, die ich mir beispielsweise morgens beim Rasieren und beim Blick in den Spiegel stelle: «Bin ich ein an-ständiger Mensch?» Und was anständig ist (wenn ich von blos-sen Äusserlichkeiten absehe), ist uns als christliches Vermächt-nis in die Wiege gelegt worden. Daran vermögen Schlagworte und Lärm unserer Tage ebensowenig zu ändern, wie die geringe Chance, im Umbruch der Zeit erwischt zu werden.

Die Suche nach dem Glück

Wir alle suchen unseren eigenen Weg in der Unrast dieser Tage. Wir sind – ob wir wollen oder nicht – geprägt vom christ-lichen Ethos unserer Vorfahren und haben gelernt, dass die viel-zitierte Selbstverwirklichung nur eine leere Worthülse ist. Wir leben in einer Gemeinschaft und können uns der sozialen Ver-antwortung nicht entziehen. Wir streben aber auch eine erfolg-reiche Berufskarriere und entsprechenden materiellen Wohl-stand oder zum mindesten finanzielle Sicherheit an. Ist dies alles? Die innere Freiheit ist ein Weiteres, das Streben nach der Unabhängigkeit gegenüber Ehrung und Anerkennung von aussen, gegenüber Statussymbolen. Oft wird man rückfällig, und mir hat jeweils eine Inschrift in einer alten Kirche im amerikanischen Baltimore aus dem Jahr 1692 geholfen, die zur inneren Freiheit sinnreiche Lebensweisheiten enthält. Hand aufs Herz: Was suchen wir zutiefst in der kurzen Zeit, die uns auf dieser Erde geschenkt ist? Doch wohl ein bisschen Glück. Und das Glück findet sich letztlich nicht im materiellen Erfolg, sondern in den vielen kleinen Dingen unserer Umgebung, die wir täglich erleben dürfen. Sie bewahren uns vor falschen Gewichtungen, verschaffen uns Gelassenheit im Meer der Unrast und Ungeduld und begleiten uns in Freizeit und Ruhestand.

Kürzlich habe ich vier Direktoren meiner Bank, die altershalber pensioniert wurden, in einer kleinen Feier verabschiedet. An Stelle der Erwähnung des bei solchen Anlässen üblichen Bildes vom Wechsel des Fussballspielers aus der aktiven Mannschaft auf die Tribüne habe ich sie dazu ermuntert, sich mehr Zeit zum Nachdenken zu nehmen und sich so wichtigen Fragen zu stellen wie: Wer bin ich? Wofür stehe ich? Welches ist mein Weg? Diese Worte mögen einer jungen Generation noch fremd tönen. Irgendwann sollte man sie sich jedoch in Erinnerung rufen und sich fragen, ob man ein anständiger Mensch gewesen sei. Denn in diesem einfachen Adjektiv lässt sich die Frage nach Moral und sozialer Verantwortung zusammenfassen.

Der Mensch und seine Grenzen (1999)

Die Suche nach der Zeit

Masshalten und Massnehmen müssen als Lebensaufgabe angesehen werden. Doch wir alle zahlen in diesen Tagen dem weltweiten Umbruch, der globalen, verschärften Konkurrenzierung, den ambitiösen Jahreszielen und quantitativen Budgetvorgaben unseren Tribut. Der technische Fortschritt scheint sich zu überstürzen. Oder um mit Rilke zu sprechen «Alles Erworbene bedroht die Maschine». Unsere äusseren Lebensansprüche wachsen ständig, zwingen zu neuen Anstrengungen und vertiefen unsere Rastlosigkeit. Irgendwie haben wir in diesem sich übersteigernden Getümmel den Menschen in der ihm gegebenen physischen und psychischen Begrenzung aus den Augen verloren.

Wir benötigen mehr Zeit, doch Zeit ist uns merkwürdigerweise um so weniger gegeben, je schneller wir uns dank neuer Technologien von Ort zu Ort fortbewegen und immer rationellere Arbeitsabläufe schaffen. Die Verlockungen der Technik verhindern das Geniessen, die Musse. Ferne, noch unbekannte Ziele locken. Wir werden zwar immer wieder an unsere Grenzen zurückgeführt, doch oft zu spät, wenn das Lebensschiff langsam am Horizont entschwindet. Nein, wir müssen rechtzeitig unsere Grenzen erkennen und darnach handeln, masshalten. Kein leichtes Unterfangen, wenn man mit Gesundheit, Vitalität und einer gehörigen Dosis Ehrgeiz beschenkt ist und in der Jugend gelehrt wurde, dem «quand même» als Impuls zu folgen. Wie weit gibt jedoch einer älteren Generation das eingeimpfte Pflichtgefühl oder gar die Identifikation mit dem eigenen Unternehmen die Möglichkeit, Freiheiten jenseits des gesetzten Masses auf gute Weise auszukosten?

Das Erkennen und Suchen von Grenzen

Unsere Begrenzung ist gegeben, aber sie ist auch fliessend, je nach Alter, äusserer Weiterbildung und innerer Entwicklung. Die Grenze wird im reiferen Alter, so wollen wir hoffen, im geistigen Bereich weiter gezogen, um in der letzten Lebensphase der Verengung, zumindest auf körperlichem Gebiet, Platz zu machen. Das bewusste Ausschöpfen der geschenkten Möglichkeiten und die aus dem altersbedingten Abbau erwachsende Resignation liegen nahe beieinander. Hilfen sind gegeben: Zum einen das Streben nach einem ausgeglichenen Leben, ausgewogen zwischen Beruf und Freizeit, das wiederum erlaubt, vielfältige, andere Interessen zu entwickeln. Zum andern die dauernde Suche nach dem Wesentlichen im privaten Bereich wie im Beruf. Es sei jener einst dominierenden Persönlichkeiten im schweizerischen Bankwesen gedacht, die weltweite Geltung hatten, am internationalen Ausbau ihres Finanzinstitutes entscheidend beteiligt waren und deren Name einer jungen Generation schon nicht mehr geläufig ist. Sie sind vergessen, und die papierene Erinnerung in Form umfangreicher Geschäftsakten ist dem Reisswolf zum Opfer gefallen. Das Wissen darum hilft uns vielleicht, die Grenzen im vorgerückten Alter leichter zu akzeptieren.

Die Jugend will ihre Grenzen testen. Auf deren Suche sind Exzesse an der Tagesordnung. Sie bedürfen des Verständnisses und rufen nach einem dauernden Dialog zwischen den Generationen. Für den Unternehmer geht es wohl darum, den jüngeren Mitarbeitern zu helfen, im Beruf ihre eigenen Möglichkeiten sinnvoll auszunutzen, ohne sie, die heutzutage wohl alle ungeduldig und motivationsbedürftig sind, zu überfordern. Verallgemeinernd lässt sich sagen, es sei dem Erkennen der eigenen Grenzen und einem entsprechenden Verhalten jenes des richtigen Massnehmens an den Mitarbeitern beizufügen. Nachwuchsförderung im erwähnten Sinn und das Erkennen der sich vorzeitig verengenden Grenzen erschöpfter und ausgelaugter Kadermitarbeiter sind gleichermassen nötig.

Zeitgenössische Philosophen erheben ihre mahnende Stimme. Otto Friedrich Bollnow schreibt in «Mass und Vermessenheit des Menschen», das rechte Verhältnis zum Mass sei dem modernen Menschen verlorengegangen und an seine Stelle sei unter dem trügerischen Deckmantel des Unendlichkeitstrebens eine alles zerstörende Masslosigkeit getreten. Sie durchziehe unser Leben vom privatesten Bereich bis zu den öffentlichen Angelegenheiten der Politik. Klarer lässt sich das Bild der westlichen Gesellschaft nicht darstellen. Oft fehlt in solchen Aufsätzen die konkrete Basierung. Es ist wohl das Privileg des Philosophen, im abstrakten Raume zu überlegen und zu formulieren, doch der in Erdnähe verharrende Praktiker vermag zwischen der Lehre und den ihn bedrängenden Tageserfordernissen keinen Zusammenhang herzustellen. Vielleicht glaubt er auch, es fehle ihm hierzu die Zeit.

Es sind verschiedene Phänomene, die uns heute massgeblich beeinflussen; deren gemeinsame Ursache ist die sich überstürzende technologische Entwicklung. Hans Jonas sagt in «Das Prinzip Verantwortung», dass die Evolution mit kleinen Dingen arbeite, nie aufs Ganze gehe und sich deshalb unzählige «Irrtümer» im Einzelnen leisten könne, aus denen ihr geduldiges, langsames Verfahren die wenigen, ebenfalls kleinen «Treffer» auslese. Das Grossunternehmen unserer Tage, weder geduldig noch langsam, dränge die vielen winzigen Schritte natürlicher Entwicklung in wenige kolossale zusammen und behebe sich damit des lebenssichernden Vorteils der tastenden Natur.

Der Glaube an die Zahl

Zutiefst verunsichert durch lange Jahre der Erschütterungen versuchen wir, uns vor künftigen, bösen Überraschungen zu bewahren. Wir extrapolieren aus der Vergangenheit in die Zukunft, arbeiten mit Jahreszielen und -budgets, teilen das Gesamtbudget wieder säuberlich auf die einzelnen Profitcenters auf. Kein Wort der Absage gegen diese verantwortungsvolle Geschäftspolitik, der Gedanke an die mittragenden Menschen ist relativierend beizufügen. Menschliche Unzulänglichkeiten und Torheiten wirken bei der Realisierung des Zukunftsbildes mit und verleihen ihm völlig neue Züge.

Technologische Entwicklungen sind sprunghaft und schwer voraussehbar. Je längerfristiger das Zahlenmaterial projiziert wird, um so fragwürdiger sein Wert. Hans Jonas spricht von der sogenannten Fernprognose, welche in der ethisch geforderten Extrapolation anzustreben sei. Kein Zufall, dass immer mehr zusätzlich versucht wird, Möglichkeiten des Zukunftsbildes durch verschiedenartige Szenarien zu erfassen. Planung, basierend auf einem Black Scenario ist wenig dankbar, wird intern oft missverstanden, gehört aber zu den notwendigen Aufgaben jeder verantwortungsvollen Geschäftsleitung. Umgekehrt lauert die Versuchung, Wunschdenken vermeintlich wissenschaftlich abzustützen.

Wie jedes Phänomen hat auch die Zahlen-Plethora ihre ausgesprochenen Schattenseiten. Auf das schwer zu selektierende Zahlenmaterial und die Vernachlässigung des Faktors Mensch bei dessen Schaffung wurde hingewiesen. Zahlengläubigkeit schafft die tiefgehende Enttäuschung, wenn sich die extrapolierte Zukunft anders gestaltet, wenn unerwartete Katastrophen und Baissen eintreten. Entsprechend nachhaltig drücken solche über Nacht eintretende Ereignisse auf die Psyche junger Kader und Mitarbeiter, als ob eine Welt unterginge. Das Gefühl und Verständnis für das dauernde Auf und Ab im menschlichen Leben und der von den Menschen getragenen Unternehmen ist anscheinend durch einen naiven Glauben an die Zahl verdrängt worden. Wahrscheinlich sind wir in unserem Empfinden nur für bestimmte Zahlengrössen geschaffen. Was dieses Mass übersteigt, wird – so paradox es tönt – zum Nonvaleur. Wie soll ein junger, charakterlich vielleicht noch nicht gefestigter Händler nicht den Sinn für die Massstäbe verlieren, wenn er am Telefon täglich mit hunderten von Millionen jongliert? Tagesumsätze im Devisenbereich von global rund 2000 Milliarden Dollar in turbulenten Perioden sind nicht mehr fassbar.

Die Verlockungen der Globalität

Wir sind geschaffen für örtliche Verhältnisse, die uns vertraut sind und Geborgenheit geben. Unser Gemüt braucht ein Zuhause, auch wenn letzteres mit vielen Mängeln behaftet ist und von uns kritisiert wird. Ist der Weltenbürger nicht eine Fehletikettierung des weitgereisten Zeitgenossen, der dennoch einer Heimat bedarf? Globalität hat dem Tourismus eine neue Dimension gesetzt, prägt auch die weltweite Konkurrenzierung. Die Konkurrenz sitzt dabei nicht mehr im Nebengebäude, in London, Frankfurt oder anderswo auf dem alten Kontinent. Offerten werden von den Grossanlegern, irgendwo in der Welt domiziliert, weltweit eingeholt und verglichen. Produktionsstätten werden in Billiglohn-Länder verlagert. So ist der Weg zum Global Player naheliegend und vielverheissend. Das eben zitierte Gebot der Bedächtigkeit scheint nicht mehr anwendbar, das Praevenire, das dem anderen Zuvorkommen, findet allerorts seine Anhänger.

Der schrittweise und vorsichtige Aufbau neuer Strukturen im Ausland mit eigenen Mitteln, wie wir ihn in früheren Jahrzehnten erlebten, weicht vermehrt den Übernahmen und Fusionen. Rasche Verfügbarkeit geeigneter Kader nennt sich das Problem, dessen Lösung den Käufer oft zu beträchtlichen Preiskonzessionen veranlasst. Nicht die reichlich zur Verfügung stehenden Kapitalien sind es, welche die Expansion bestimmen, sondern die Menschen mit entsprechenden Qualifikationen. Kaderschulung wird gross geschrieben, versucht den einzelnen Mitarbeitern gesetzte Grenzen auszuweiten, am Charakter vermag sie kaum etwas zu ändern.

Wer redet noch von Corporate Identity?

Ist es Zufall, dass in dieser Epoche der Firmenzusammen-
schlüsse und -übernahmen die Erwähnung der Corporate
Identity aus dem Tagesgebrauch verschwunden ist? Menschen
haben diese Unternehmenskulturen geformt, Wertmassstäbe
geschaffen, die Verhältnisordnung zu Mitarbeitern und Umwelt
bestimmt. Sie leben in ihren Nachfolgern, unter Umständen in
konträrer Hinsicht, weiter. Der Bankier Siegmund Warburg
war eine solche über Jahrzehnte nachwirkende, prägende Persönlichkeit. Wie übrigens eine solche Kultur die Substanz verlieren und zur leeren Form verkommen kann, hat Stefanie von
Viereck, Journalistin und jüngste Tochter des hanseatischen
Bankiers Alwin Münchmeyer, im Buch «Hinter weissen Fassaden» aufgezeigt.

Ziel der Zusammenführung zweier Unternehmenskulturen
ist die Integration, die ihre Zeit braucht. Mit einem neuen Or-
ganigramm ist es nicht getan, ebenso wenig mit der Publikation
der neuen Führungsspitze. Es braucht mehrere Jahre Zeit zur
Angewöhnung. In diesem Sinne dürfen Ankündigungen von erfolgter Integration innert Monaten nach der Übernahme oder
dem Zusammenschluss mit einem kleinen Fragezeichen versehen werden. Im andern Extrem, dem – bildlich gesprochen –
Verharren in den eigenen vier Wänden, liegt keine tragbare Geschäftspolitik mehr. Der junge, gut ausgebildete und ungedul-
dige Mitarbeiter will die ihm gesetzten Grenzen erreichen, seine
Möglichkeiten nützen, er bedarf neuer Herausforderungen. Er
formt die Zukunft des Unternehmens mit und seine gesteigerten Bedürfnisse dürfen nicht negiert werden. Wie sagte schon
August Oetker, als er befragt wurde, weshalb er seinem wirtschaftlichen Imperium wieder eine neue Gesellschaft beifüge?
Er sei das seinen jungen Leuten schuldig, erwiderte er.

Die Arroganz der Macht

Nichts gegen eine globale Geschäftspolitik, wenn sie sachlich
gerechtfertigt ist und die personellen Ressourcen zur Verfügung
stehen oder zugekauft werden. Eng damit verbunden ist aber
der Gigantismus, worunter jene Politik zu verstehen ist, die

ohne ausgewogene Überlegungen und gründliche Kalkulationen aus dem Drang zur Weltspitze vorzustossen agiert. Der verstorbene US-Senator J. William Fulbright, ein eigenwilliger Aussenpolitiker und tief verbunden mit der Geschichte der Menschheit, schrieb in einem Brief an Präsident Johnson: «Greece, Rome, Spain, England, Germany and others lost their pre-eminence because of a failure to recognize their limitations, or, as I call it, the arrogance of power.» Gilt diese Begrenzung nur für Nationen oder auch für Gesellschaften privaten Rechts in ihrem globalen Wirken? Ersparen wir uns eine Stellungnahme; fragen wir uns stattdessen, wie weitgehend sich die Unternehmenskultur eines mit weltweit tätigen Betriebsstätten arbeitenden Dienstleistungskonzerns mit den örtlichen Kulturen und Gepflogenheiten verträgt. Mit den ökologischen Bedenken der modernen Industriegesellschaft ist die Beantwortung dieser Frage nicht einfacher geworden.

Die globale Krise

Amerikanische Autoren haben im Buch «Sentimental Imperialists» anschaulich dargestellt, wie ihre Landsleute im 19. Jahrhundert bei der Löschung von Schiffen in chinesischen Häfen auf der einen Seite das Opium, auf der anderen die Bibeln entluden. Hat dies nicht einen auch für heute anwendbaren Symbolcharakter?

Die falsch verstandene Heilslehre (2000)

Globalisierung oder die vergessene Definition

Wir sind zutiefst verunsichert. Ökonomische Theorien, vor wenigen Jahren noch als Allheilmittel für eine weltweit blühende Wirtschaft mit sich annähernden sozialen Standards gepriesen, haben uns in eine ausufernde Krisensituation geführt, deren sicheres Ende schwer abzuschätzen ist. Schlagworte sind der vermeintlichen Substanz entkleidet worden, selbst Internet und Cyberspace vermögen dieser Welt in ihrer Zerrissenheit und Zerfahrenheit keine neuen Lichtpunkte aufzusetzen. Schlimmer, was sich der hochgehaltenen Fahne der Globalisierung substantiell anschliesst, wurde nicht definiert, nicht eingegrenzt. Boshafterweise liesse sich sagen, dass man sich mangels einer Definition immer ein Hintertürchen offen lässt. Entsprechend tut eine Diagnose not. Sie zwingt, Globalisierung und freie Marktwirtschaft, die zum Teil deckungsgleich sind, begrifflich einzugrenzen, nach deren Zweck zu fragen.

Um den Begriff der Globalisierung, wie er in den letzten dreissig Jahren entstanden ist und mit zeitlicher Verzögerung auch die Länder des früheren Ostblocks erfasst hat, haben sich die wenigsten bemüht. Hätte man die sich abzeichnenden Tendenzen statt mit «Globalisierung» mit «weltumspannend» bezeichnet, hätte es sich vielleicht eher aufgedrängt, das leere Gehäuse mit Stoff zu füllen. Technologie wird an erster Stelle angesprochen, der liberalisierte freie Welthandel, die internationalen Kapitalströme, die täglich einen Umfang von rund zwei Billionen Dollar erreichen, aber auch innerstaatliche Privatisierung, die, konsequent angewandt, die öffentlichen Dienste der Nationalstaaten ersetzen soll, gehören dazu. Weltweiten Wohlstand, besonders auch für Schwellen- und Entwicklungsländer, veheissen die Propheten der global freien Marktwirtschaft, die den Marxismus endgültig begraben wähnen.

Gemeinsam ist diesen Ausdrucksformen der Globalisierung der Glaube an die Zahl. Zahlen stehen uns im Übermass und täglich zur Verfügung. Allein im Fusions- und Übernahmemarkt der US-amerikanischen Firmen fanden im Jahr 2000 rund 10 000 Transaktionen mit einem Gesamtwert von 1325 Milliarden US-Dollar statt. Zum Vergleich: 1980 waren es knapp 2000 Mergers und Akquisitionen mit einem Gesamtwert von 44,3 Milliarden US-Dollar gewesen. Diese Zahlen bedürfen der Selektion und Wertung, was oft aus Zeitmangel unterlassen wird. Sie wecken den Irrglauben, mit dem in Software eingebetteten Zahlenmaterial könne ein Weltunternehmen, auch ein solches des Dienstleistungsbereiches, global geführt werden, und es sei möglich, die zukünftige Entwicklung zu extrapolieren. Es gibt das geflügelte und mit Vorbehalt aufzunehmende Wort, dass die Statistik der Aberglaube des 20. Jahrhunderts sei. Es stimmt zumindest nachdenklich, ruft der Analyse.

Der Mensch wird vernachlässigt und doch ist es immer wieder er, der Grenzen setzt: Von internationalen Organisationen geschaffene Konzepte für Schwellen- und Entwicklungsländer scheitern zum Teil an den Eigenheiten dieser Völker, an deren Geschichte, an den gesellschaftlichen Strukturen und Wertmassstäben. Fusionen führen verschiedene Unternehmenskulturen zusammen, die sich in der Mehrzahl der Fälle verhängnisvoll auswirken; der erwartete Synergieeffekt geht verloren. Die Umstellung des einzelnen Individuums auf neue Technologie bedarf der Zeit, ist nicht nur eine Frage des Intellekts, sondern auch des Gemüts. Der Mensch als das Mass aller Dinge!

Die globale Welt der Vergangenheit

Globalisierung als weltumspannende Aktivität ist kein neues Phänomen, doch kaum je zuvor war sie mit so vielen Erwartungen verbunden. Die bekannte Welt war einstmals kleiner, die lokalen Strukturen verschafften dem Individuum eine irgendwie geartete Geborgenheit. Der Faktor Zeit bewirkte hinsichtlich Reisen, Transport und Übermittlung eine – aus heutiger Sicht beurteilt – verzögerte Wirksamkeit, wie ein fragender Rückblick in die Geschichte immer wieder aufzeigt.

James Cook (1728–1779) unternahm im 18. Jahrhundert drei Seereisen in den pazifischen Raum. Jede hatte eine ungefähre Dauer von drei Jahren. Noch weniger weit zurück liegt die Erforschung des antarktischen Raumes, dessen Erkundung und Nutzbarmachung im 19. Jahrhundert sich wie ein Abenteuerroman liest. Schiffe gingen in der grossen Weite in Stürmen vorübergehend verloren, heute kaum mehr vorstellbare Irrfahrten kamen zum letztlich glücklichen Abschluss. Doch oft dauerte es noch viele Monate, bis die Basisstation oder gar die Instanz, welche die Expedition angeordnet hatte, vom erfolgreichen Ende erfuhr. Russische Pioniere auf Kamtschatka erreichten St. Petersburg einstmals schneller mit Schiff und Bahn über die USA und Europa, als auf dem wenig erschlossenen russischen Landweg.

Verschiedene Ursachen haben zu den seinerzeitigen Globalisierungsbewegungen beigetragen: äusserer Druck (ich denke an Völkerwanderungen), Abenteuerlust, pekuniäre Anreize und zweifellos auch ein ausgesprochener Messianismus, wenn ich an die Eroberung Amerikas und Afrikas durch die Europäer denke. Und diese Mischung von Gefühlen scheint auch die jüngsten Aktivitäten zur Ausweitung der Welt, unserer westlichen Welt, begleitet zu haben. Das Wegfallen des Eisernen Vorhanges, das Ende des Kalten Krieges, sie haben die Globalisierung, die schon in den siebziger Jahren in eine neue Entwicklung eingetreten war, verstärkt und der begleitenden Lehre der freien Marktwirtschaft weitere Länder zugeführt.

Das Thema der falsch verstandenen Globalisierung ist weit, und die Literatur hierüber gerade in jüngster Zeit derart gewachsen, dass ich mich auf einzelne Schwerpunkte beschränken muss. Vorausschicken möchte ich jedoch, dass viele der Erwartungen, die mit der Globalisierung im Zeichen der freien Marktwirtschaft verknüpft waren, sich nicht erfüllt haben. Diese Feststellung gilt gleichermassen für den menschlichen, den moralischen und den kulturellen Bereich. Wir switchen zwar im Internet, doch noch immer vermögen sich deutsche und französische Staatsmänner nur über Dolmetscher zu verständigen. Wir sprechen von Moral und meinen, die abendländischen Werte würden auch anderswo gelten. Demokratie und Freiheit kommen uns leicht über die Lippen, der Asiate des Fernen Ostens gibt aber diesen Begriffen uns völlig fremde Inhalte. In der Technologie und in der Zahlenwelt scheinen wir uns dem angestrebten und gleichzeitig gefürchteten Weltbild zu nähern. Ist die Globalisierung nicht vielleicht auch deshalb verkommen, weil wir bewusst oder unbewusst, freiwillig oder unter Druck, einem falsch verstandenen «Amerikanismus» erlegen sind, der seinen politischen und wirtschaftlichen Erkenntnissen universelle Geltung beimisst? Coca Cola als Symbol, überall, in der Ginza Tokios und im brasilianischen Urwald. Und wir glaubten doch, der globale Handel und die offenen Grenzen führten zu weltweitem Wohlstand, sehr zum Nutzen der Schwellen- und Entwicklungsländer. Wir rechneten mit einem steigenden Wohlstand auch innerhalb der westlichen Volkswirtschaften und dies alles in der Atmosphäre einer umfassenden Effizienz. Wie ganz anders haben sich die Dinge entwickelt.

Kommunikation – einst und heute

Ohne die moderne Informatik und Kommunikation hätte die globale Welt andere Züge, würde vielleicht erst in den Anfängen stecken. Zwei Beispiele aus dem 19. und 20. Jahrhundert, charakteristisch für jene Zeit und heute nicht mehr denkbar: Der Bankier Nathan Mayer Rothschild beobachtete die Schlacht bei Waterloo im Juni 1815. Er ritt, sobald die Schlacht entschieden war, nach Brüssel und von dort per Kutsche nach Ostende, wo er – ungeachtet des stürmischen Wetters – mit einem kleinen Schiff den Kanal überquerte und als Erster in London um den gegen Napoleon erstrittenen Sieg wusste. Er kaufte die äusserst billig gehandelten englischen Staatspapiere in grossen Beträgen auf. Dank der nachfolgenden Haussewelle verdiente er Millionen. Kommunikation spielt auch beim zweiten Beispiel eine zentrale Rolle: Der Telegraph wurde 1837 von Samuel F. B. Morse erfunden, das erste elektromagnetische Telefon 1877 von

A. G. Bell, doch das Militär verwendete diese Technologien nur zögernd. Als zu Beginn des Ersten Weltkrieges zwei russische Armeen gegen Ostpreussen marschierten, vernahm der Abhördienst der verteidigenden Achten deutschen Armee aus dem unverschlüsselten russischen Funkverkehr, dass die aus Osten bis gegen Gumbinen vorgestossene Armee Rennenkampf verharren und die Narew-Armee unter General Samsonow dagegen aus Südosten vorstossen werde. Die folgende deutsche Umdisposition der Kräfte führte zum grossen deutschen Sieg. Die Codebücher waren eben zu Beginn der Feindseligkeiten noch nicht eingetroffen, die Benützung der drahtlosen Feldtelegraphen war für die Stäbe etwas Ungewohntes; man zog berittene Melder vor.

Heute hängen wir am Videotext, pflegen unser Handy als Accessoire und verfolgen auf Geschäftsreisen, irgendwo in der Welt, das neueste Geschehen am Fernseher dank CNN. Telefon oder Fernschreiber liefern mir beim Frühstück im fernen Hotel die gewünschten Angaben zur Kursentwicklung an der Heimatbörse; das seit Monaten anhaltende Glücksspiel an den sogenannten «Neuen Märkten» wird schmunzelnd oder resigniert zur Kenntnis genommen. So weit so gut, als es sich um spezifische Informationen für den reisenden Bankier handelt, doch dies ist weniger als die Spitze des Informationseisberges. So werden täglich 200 bis 300 000 Informationen zum Geschehen am Finanzplatz Schweiz an über 25 000 Empfänger in vierzig Ländern zugeleitet, die jeden Tag durchschnittlich zwei bis drei Millionen Kursabfragen durchführen. An Kurs- und Informations-Updates sind es dreissig Millionen pro Tag. 1990 waren es lediglich deren 2,5 Millionen.

Wer trifft nun die nötige Auswahl im Übermass der Mitteilungen und Zahlen? Wer wertet die Qualität und Zuverlässigkeit dieses Materials? Der globale Zufluss bedarf der Selektion, doch wer nimmt sie vor? Missbräuchliche Interpretation liegt nahe. Der verunsicherte Zeitgenosse wird zum kritiklosen Konsumenten oder ermangelt im hektischen Tagesgeschehen der intellektuellen und moralischen Basierung, einer der Gründe für die Börsenexzesse, die wir durchleiden. Um nicht einer einseitigen Schwarzfärberei zu verfallen, vielleicht auch noch ein Hinweis in gegenteiliger Richtung: Auch die Bewohner mit autoritärer Hand beherrschter Staaten vermögen dank der heutigen Kommunikationstechnologie das Geschehen im Ausland zu verfolgen. Die «Käseglocke», einer Nation übergestülpt, hat Löcher. Dies erweist sich zur Zeit als ein in der Volksrepublik China offensichtlich kaum zu lösendes Problem.

Der sogenannte Weltbürger

Eine neue Klasse von Menschen ist entstanden, wie sie uns mit Aktenköfferchen, Laptop und Mobiltelefon zuhauf in Flughäfen oder auch anderswo (der Ethnologe spricht von Transiträumen) begegnet. Diese zufälligen Begegnungen an Nicht-Orten sind vielleicht kleine Wichtigtuer, eher aber Mitglieder einer neuen Klasse globaler Spieler (Heinz Bude in der «Frankfurter Allgemeinen Zeitung» vom 30. Dezember 1995). Sie verkörpern nicht mehr die alten Tugenden von Fleiss, Disziplin und Fachkenntnissen, worauf standardisierte Produktionsformen von Massenprodukten, die heute weitgehend von Automaten hergestellt werden, basieren, sondern Phantasie und Intuition («Vom Nutzen der Werte und vom Wert des Nutzlosen, Manager auf der Suche nach Erleuchtung» von Stephan Wehowsky, in der «Neuen Zürcher Zeitung» vom 22. Dezember 1997). Junge Trader bevölkern den Markt in Devisen und Derivaten, setzen Milliarden auf südostasiatische Währungen, um Afrika zu shorten und versuchen gleichzeitig, nationale Notenbanken unter Druck zu setzen. Sie gebärden sich als «masters of the universe», doch immer wieder führen diese Eskapaden zum persönlichen Absturz.

Den eigentlichen Global Players begegnen wir freilich weniger. Es sind Persönlichkeiten, eingebunden in konzerninterne Staatlichkeit, in der Konkurrenzgedanken, Gewinnstreben und Leistungsethos an dominanter Stelle stehen. Wenn ich dem deutschen Magazin «Spiegel» folge, dirigieren in den USA anonyme Besitzergruppen mit über 3000 Fondsgesellschaften ein Anlagekapital von 12 Billionen Mark. 1991 waren es nur 4,3 Billionen. Die Merger-Manie geht weiter, global werden die sogenannten Synergien gesucht und oft auch die Position eines Weltmarktführers angestrebt, und umgekehrt erfolgen – ebenfalls im globalen Rahmen – Desintegrationen zur Fokussierung auf die sogenannte Kernkompetenz. Der «Spin off»-Gedanke wird wieder zusehends an Anziehungskraft gewinnen, auch im Bankenbereich, weil die Geschichte weisen wird, dass man mit der ausgeklügeltsten Software nicht alles «im Griff haben» kann. Die Erstarrungstendenzen innerhalb grosser Konzerne werden diesen Trend zur globalen Auflockerung und zum Verzicht auf den monopolisierenden Einheitsbrei verstärken. Damit kann die Angst vor global agierenden, durch Effizienz geprägten und von sozialem und ökologischem Empfinden vielleicht weniger belasteten Wirtschaftsführern vorerst relativiert werden.

Potemkinsche Dörfer und die Realitäten

«Europa muss künftig zu einer festen Basis der Reregulierung werden», rief der französische Premierminister Lionel Jospin im «Le Monde» aus, und die Schweizer «Weltwoche» schrieb danach: «Die Segnungen des freien Weltmarktes sind für viele Regionen heute zum Fluch geworden... mit Dumping-Praktiken wird versucht, den Konkurrenten aus dem Feld zu schlagen.» Ist es Zufall, dass das Nobelpreiskomitee in Stockholm mit der Vergabung des Nobelpreises an den indischen Ökonomen Amartya Sen einen Wissenschaftler ehrte, der an eine Wohlfahrtsökonomie glaubt, in welcher der Markt durch staatliche Eingriffe moralisch korrigiert werden kann? Amartya Sen war übrigens 19 Jahre alt, als in seiner Heimat Bengalen drei Millionen Menschen einer Hungersnot zum Opfer fielen.

Wie anders lauteten die Voraussagen. Ich habe diese verheissungsvollen Potemkinschen Dörfer bereits andeutungsweise erwähnt. In einem Interview sagte Noam Chomsky, bekannter Professor der Soziologie an einer renommierten amerikanischen Hochschule: «Wenn wir die Wachstumsraten betrachten, Welthandel und Investitionsströme, dann sind wir auf dem Stand von vor dem Ersten Weltkrieg. Zwischen den beiden Weltkriegen wurden internationale Verflechtungen abgebaut, das ist jetzt wieder aufgeholt worden.» Auch der Genfer Wirtschaftshistoriker Paul Bairoch bringt in diesem Zusammenhang einige relativierende Bemerkungen an. So lagen schon 1913 die Exporte der westlichen Industrieländer bei 13 Prozent des

Bruttosozialproduktes, ein Wert, der erst in den vergangenen achtziger Jahren überboten wurde. Ein vergleichender Blick auf die Direktinvestitionen im Ausland, gemessen am jeweiligen Bruttosozialprodukt, erschüttert die These von den befruchtenden Auswirkungen der Globalisierung vollends.

Die Finanzblase ist noch nicht geplatzt

Die Börsenkurse galten einst als Spiegel der wirtschaftlichen Entwicklung oder als frühzeitige Künder eines Konjunkturumschwunges. Der Finanzbereich hat sich verselbständigt, auch wenn massive Kursbewegungen an den internationalen Aktienbörsen sich im Konsumentenverhalten auszuwirken vermögen. Die viel zitierte «financial bubble» ist entstanden, einst für den besorgten Ökonomen ein Warnfinger, der im Verlauf sprunghaft wachsender internationaler Kapitalströme immer mehr an Wirkung verloren hat. Doch noch immer schwebt diese schillernde Blase über dem globalen, sich schrittchenweise und einseitig ausdehnenden Welthandel. Seit 1991 hat sich die Weltproduktion durchschnittlich jährlich um zwei Prozent erhöht, wogegen die Handelsraten im Schnitt sechs Prozent pro Jahr anstiegen – ein Hinweis zur vermehrten Internationalisierung des Handels, aus welchen Gründen auch immer. Gemessen am Anteil der Exporte am Sozialprodukt haben jedoch 44 von 95 Entwicklungsländern in den letzten zehn Jahren trotz sinkender Zölle Rückschritte verzeichnet.

Der weltweite Güterhandel wird für 1999 auf 5497 Milliarden US-Dollar geschätzt. Der Umsatz im Aktienhandel der zehn grössten Weltbörsen betrug vergangenes Jahr 29 756 Milliarden US-Dollar. Nach einer Erhebung der Bank für Internationalen Zahlungsausgleich (BIZ) stieg das Tagesvolumen klassischer Devisengeschäfte im vorletzten Jahr (Erhebungen finden nur alle drei Jahre statt) auf durchschnittlich 1981 Milliarden Dollar. An turbulenten Tagen werden Umsätze bis zu rund 2500 Milliarden Dollar erzielt. Asien und Lateinamerika erlebten von 1994 bis Ende 1996 eine Verdoppelung der privaten Kapitalzufuhr, die nach einer erneuten Steigerung im ersten Semester 1997 brüsk in eine Rücknahme des kurzfristig ausgeliehenen Kapitals umschlug. Abwertungen nationaler Währungen folgten, die Marktinterventionen der Notenbanken erwiesen sich höchstens psychologisch und vorübergehend als nützlich, stehen doch deren Eigenmittel in keinem Verhältnis zur heutigen Breite der internationalen Kapitalströme. Die Finanzblase besteht weiterhin, etwas verbeult und zur Zeit kaum mehr im kritischen Scheinwerferlicht. Wird sie nicht auch in den kommenden Jahren in wachsendem Umfang ein bedrohliches und unsere globale Wirtschaftsordnung bedrohendes Eigenleben führen?

Kritik aus allen Ecken

Kritiker und Reformer melden sich weltweit zu Wort. In den USA haben sich schon vor Jahren renommierte Wissenschaftler mit den Exzessen der globalen Marktwirtschaft auseinandergesetzt, als in europäischen Wirtschaftskreisen der Neo-Liberalismus noch in voller Blüte stand. Eine objektive Sonde ist deshalb angezeigt, bevor wir uns den wachsenden Vorbehalten gegenüber der Supermacht anschliessen. Die Amerikaner machen es freilich dem oberflächlichen Kritiker leicht. Sie haben im Februar 1995 Mexiko ohne viel Federlesens durch den internationalen Währungsfonds ein Darlehen von 17,8 Milliarden Dollar und zusätzlich 20 Milliarden US-Dollar aus der eigenen Tasche ausbezahlt. Begreiflich, ging es doch um die mit den USA verflochtene Volkswirtschaft eines Nachbarn. Sie haben in der Welthandelsorganisation (WTO) eine wenig musterhafte Politik der Solidarität geführt, je nach der eigenen Interessenlage – Jagdish Bhagwati, heute Professor an der Columbia University, früher Chefökonom des Gatt, geht noch weiter und spricht vom Interessenfilz von Wall Street, Internationalem Währungsfonds (IWF) und US-Schatzamt, den es zu zerschlagen gelte.

Zumeist halten die Kritiker Empfehlungen bereit, je nach dem eigenen Standort, vorwiegend technischer Natur oder zwar gut gemeint, von Fachwissen jedoch völlig unbelastet. Das «Seid doch lieb miteinander» einer bekannten deutschen Schriftstellerin wirkt wenig überzeugend, der jüngst von im Schosse der führenden Industrieländer (G-7) aufgestellte Massnahmenkatalog schon eindrücklicher. Die Transparenz und der Datenfluss seien international zu verbessern, die Überwachung durch den

IWF zu erhöhen, das «burden sharing», die bessere Einbeziehung des Privatsektors bei der Krisenbewältigung, zu verstärken. Der IWF verfügt über zusätzliche Ressourcen, womit jenen Ländern, die trotz guter Wirtschaftspolitik von Kapitalflucht bedroht sind, vorsorgliche Kreditlimiten eingeräumt werden sollen. Und schon meldet sich ein Fachmann kritisch zu solchen Plänen, nämlich Michael Mussa, Chefökonom des IWF, der jüngst meinte, es sei schwer oder sogar unmöglich die Kreditlinien zurückzuziehen, wenn ein Land von einem guten wirtschaftspolitischen Kurs abweicht. Und die Anschlussfrage sei erlaubt, welche unabhängige Instanz den Kurs als gut oder schlecht bezeichnet.

Regulierung der globalen Finanzmärkte?

Die Ereignisse der vergangenen Jahre lassen auch die Gralshüter der internationalen Institutionen an ihrem lupenreinen Credo zweifeln. Unlängst noch verabschiedete das Interimskomitee des IWF eine Resolution, welche die vollständige Liberalisierung und Deregulierung des Kapitalverkehrs für alle Mitgliederländer vorsieht. Inzwischen haben der ehemalige Chefökonom der Weltbank, Joseph Stiglitz, und Professor Paul Krugman vom Massachusetts Institute of Technology in den USA in der «Financial Times» erklärt, eine Regulierung der globalen Finanzmärkte dränge sich auf. Alan Greenspan, der Chef der US-Notenbank, schlägt vor, das Interbanken-Kreditgeschäft durch höhere Eigenmittelerfordernisse zu verteuern. Warum aber wird so wenig von einer Neuordnung der Zuständigkeiten der internationalen Finanzorganisationen gesprochen, deren Kompetenzen sich teilweise überlappen? Interessenkonflikte in diesen Hierarchien sind unverkennbar, die neugewählten Spitzenpersönlichkeiten von Weltbank und IWF vielleicht weniger voreingenommen, klare Lösungen zu finden. Die in der Diskussion aufgetauchte Weltkontrollbehörde bleibt vorerst eine Illusion.

Nelson Mandela bezeichnet die «Globalisierung der Verantwortung» als die grosse Herausforderung für das nächste Jahrhundert. Es eilt – ein neuer Weg ist zu finden und schrittweise zu erproben, frei von Dogmen. Vielleicht wird er dereinst als der dritte Weg bezeichnet, der sich zwischen der globalen freien Marktwirtschaft und dem Marxismus der Vergangenheit bewegt. So vieles liest sich aus dem Katalog der Fachleute an sich aufdrängenden Massnahmen, die immer wieder ihrer internationalen, politischen Abstützung bedürfen. Es ist sinnlos, diesen konkreten Vorschlägen eigene technische Erkenntnisse beizufügen. Dem schweizerischen Reformator und Politiker Ulrich Zwingli wird angesichts der Zerstrittenheit seiner Zeit der Satz zugeschrieben: «Tut um Gottes Willen einmal etwas Tapferes.» Dieser Satz verdient es, den in diesen Fragen entscheidenden Gremien und Konferenzen mitgegeben zu werden.

Das Erwachen aus dem Wunschtraum (2001)

Die internationalen Institutionen als Prügelknaben

Die Paukenschläge jüngster Demonstrationen sind in frischer Erinnerung: Das Treffen der G-8-Staaten im abgeriegelten Genua und die Jahresversammlung der Weltbank in Seattle schufen weltweit beachtete Unruhen; auch das letzte World Economic Forum in Davos zu Beginn dieses Jahres zwang zu massiven Polizeieinsätzen. Bereits denken manche Politiker darüber nach, solche Konferenzen nur noch an Orten abzuhalten, die vollständig abgeriegelt werden können. Dennoch: Es wäre falsch, die bei solchen Anlässen stets zu findenden Chaoten als repräsentativ zu betrachten oder diese Aufmärsche als politisch linksextrem oder marxistisch zu disqualifizieren. Die jüngsten Terrorakte in New York sind grauenvoll, die letzten Folgen noch nicht abzusehen, auch jene nicht, die sich aus der globalen Vernetzung ergeben. Drängt sich nicht auch das auf, was der Wissenschaftler Grundlagenforschung nennt?

Die schwelende globale Wirtschaftskrise beweist, dass die grenzenlose Weltwirtschaft den Keim zum Flächenbrand in sich trägt, wenn irgendwo eine lokale Krise ausbricht. Quasi quartalsweise stand eine neue Region in Flammen, beginnend mit Mexiko Anfang 1995, gefolgt von den südostasiatischen Staaten ab Mai 1997, mit dem Default der Russischen Föderation im Sommer 1998, der Brasilien-Krise Anfang 1999, der Abwertung der türkischen Währung im vergangenen Jahr, der Krise in Argentinien und den Terroranschlägen in New York und Washington mit schwer absehbaren Folgen. Globale Risikoverteilung des Kapitalanlegers, ganz nebenbei vom Bankier vermerkt, erweist sich unter solchen Umständen als problematisch.

Wir bagatellisieren die grundlegenden Fehler der letzten Jahre, Schwellen- und Entwicklungsländer mit kurzfristigen Milliarden zu «überfüttern», die bei krisenartigen Entwicklungen in den betreffenden Ländern panikartig abgerufen werden. Wir diskreditieren andersartige Völker mit eigenen moralischen Werten und verlangen deren Unterordnung unter die Fuchtel des International Monetary Fund. 1996 sind den «emerging markets» 216 Milliarden Dollar auf privater Basis zugeflossen. Zwei Jahre zuvor waren es erst 136 Milliarden Dollar. 1999 waren es gerade noch 80,5 Milliarden Dollar. Wie sollen diese extremen Schwankungen von jungen, ungefestigten Volkswirtschaften verkraftet werden?

Guter Rat ist teuer. Der Internationale Währungsfonds (IWF) steht unter weltweitem Beschuss, seine Politik der Vergabungen und die Abhängigkeit von den USA lesen sich als wenige von vielen Vorwürfen. Die Gruppe der führenden Industrieländer (G-7) bemüht sich – zumindest verbal – um einen Kriseninterventions-Mechanismus beim IWF. Die Weltbank geht einen ähnlichen Weg, obwohl deren Präsident James D. Wolfensohn noch vor kurzem seine Organisation als eine Entwicklungsorganisation, keineswegs als eine Hilfsfeuerwehr, bezeichnet hatte. Die Bank für Internationalen Zahlungsausgleich (BIZ) in Basel schliesslich versucht sich in verstärkter Bankenaufsicht. Mit den jetzt in Diskussion stehenden Regelungen zur Eigenkapitalausstattung von Banken, besser bekannt als «Basel II», wird versucht, Bankkrisen zu verhindern und letztlich auch die systemischen Risiken in den Griff zu bekommen. Ob dies allerdings gelingen wird, scheint angesichts der Diskussionen rund um das Regelwerk fraglich.

Es stellen sich jedoch auch Fragen grundsätzlicher Natur. Zum einen: Ist eine internationale Finanzhilfe auf dem einen oder anderen Weg kurzfristig im wirkungsvollen Umfang möglich, wenn nicht schwerwiegende politische Gründe dafür sprechen? Die erwähnte Finanzkrise Mexikos (Tequila-Krise) fand dank der substantiellen Hilfe des grossen Nachbarn ihr rasches Ende. Zum andern wird es schwer halten, ein effizientes Frühwarnsystem zu schaffen, wenn politische Verschleierungstaktiken den Blick auf Geber- und Nehmer-Seite trüben. Und schliesslich sei die grundsätzliche Frage erlaubt, ob das global herrschende und im Zeichen des Shareholder Value kurzfristige Denken nicht immer wieder zu gigantischen Fehlinvestitionen auf globaler Ebene führt. Das Platzen der Spekulationsblase im Bereich New Economy und die darauffolgende Kapitalvernichtung sprechen eine deutliche Sprache. Eine vermehrte Rückbesinnung auf die eigenen Kräfte ist in den Entwicklungsländern gefragt. Wie aber verhalten sich die Möglichkeiten bezogen auf die verlangte Öffnung der Grenzen und Märkte?

Nationalstaaten und Weltkonzerne

Zusammenschlüsse von Firmen und Übernahmen häufen sich. Jüngst gaben die Computerkonzerne Compaq und Hewlett Packard ihr Zusammengehen bekannt. Man interpretiert es als defensiven Schritt – beide Konzerne seien in die Ecke gedrängt und eine Fusion mache ihre Lage nicht besser. Die ungnädige Reaktion der Wall Street auf die Bekanntgabe – beide Konzerne verloren nach Bekanntgabe der Fusion rund einen Viertel an Wert – ist nicht mehr ungewöhnlich. Während die Börsen noch vor wenigen Jahren auf jede Fusions-Ankündigung gejubelt hatten, macht sich auch an den Finanzmärkten vermehrt Skepsis breit. Mega-Deals lassen Giganten entstehen, die eine weltweite Monopolstellung erahnen lassen. Das Beispiel Windows zeigt eindrücklich, dass der Computerbenutzer heute nicht mehr an der Firma Microsoft vorbei kommt. Und alle Versuche und Gerichtsentscheide, die den Konzern zerschlagen sollen, haben bis heute nicht gefruchtet. Dennoch: Der Trend zur Grösse besteht vorerst weiterhin. Wie es sich in einer solchen Welt mit dem freien Spiel der Marktkräfte verhält, brauchen wir nicht zu untersuchen, ebenso wenig die sich abzeichnende übersteigerte amerikanische Dominanz.

Dermassen geraten die westlichen Nationalstaaten immer mehr in eine Verliererposition. Mit guter Miene werden die grenzüberschreitenden Zusammenschlüsse und die gewaltigen internationalen Kapitalströme von täglich rund zwei Billionen Dollar zur Kenntnis genommen. Die Fragestellung nach der künftigen Souveränität der Nationalstaaten lässt sich auch dahingehend erweitern, als Probleme der Energieversorgung, des Verkehrs und des Umweltschutzes, aber auch der Terrorbekämpfung, sich nur noch grenzüberschreitend lösen lassen. Die neuen Global Players verfügen zwar über eine eigene, konzerninterne Staatlichkeit, in welcher Konkurrenzdenken, Gewinnstreben und Leistungsethos die einstmals geläufigen Ideale von Gleichheit und Brüderlichkeit gehörig strapazieren. Unzählige Fondsgesellschaften und Pensionskassen dirigieren ein Anlagekapital in Trillionen-Dollar-Höhe. Wo ist die Transparenz, die dem Durchschnittsbürger irgendeines Nationalstaates zeigt, dass auch jene moralischen Werte, die er in der Schule gelehrt wurde, Anwendung finden?

Die «global.com.civilization»

In einem bemerkenswerten Artikel in der «Neuen Zürcher Zeitung» vom 6. August 2001 befasst sich Seyla Benhabib mit Gedanken zu einer Weltrepublik, seien doch die Bürger- und Staatsangehörigkeitsrechte im Wandel begriffen. Die Globalisierung bringe die Einbettung der administrativ-materiellen Funktionen des Nationalstaates in einen zunehmend unbeständigen Zusammenhang, der dessen Möglichkeiten beeinflusse und beschränke. Einst hätten Staatsbürger, die durch die Einheit des Wohnortes verwaltet wurden, dank demokratischer Teilnahme und kultureller Mitgliedschaft den idealtypischen Nationalstaat geformt. Heute jedoch führten die weltweite Bewegung von Menschen und Waren, Nachrichten und Informationen zu Individuen ohne Engagement, zu Industrien ohne Haftung, zu Nachrichten ohne öffentliches Gewissen und zur Verbreitung von Informationen ohne ein Gefühl für Grenzen und Diskretion. In dieser «global.com.civilization» würden Personen zu E-Mail-Adressen im Raum schrumpfen. Eine Horror-Vorstellung, der wir uns gedanklich aber nicht entziehen dürfen, wenn es um die Schaffung neuer Konzepte geht. Zu Recht bezeichnet die erwähnte Autorin ihre Gedanken als sogenannte Vorüberlegungen. Bemerkenswert sind in diesem Zusammenhang jedoch die Anstrengungen der Deutschen Post, die in einem Projekt erarbeitet, wie Menschen ein Leben lang postalisch erreicht werden können, ohne dass der Sender eine Adresse zu wissen braucht: frank.muster@deutschepost.de wird dannzumal als Identifikation reichen.

Der dritte Weg

Der nächste Finanz-Crash lauert vor der Türe (oder sind wir schon mitten drin?). In wenigen Jahren entstandene Finanzgiganten im Medien-Bereich, die dank Milliarden-Krediten der Banken und gewaltigen Kapitalerhöhungen ein umspannendes Imperium geschaffen haben, sind als Initialzündung eines solchen Malheurs nicht auszuschliessen. Die vom Bankenauschuss der Bank für Internationalen Zahlungsausgleich in Basel geschaffenen Überwachungsmechanismen sind wohl allzu behutsam, die immer wieder laut werdenden Rufe nach internationalen Kapitalverkehrskontrollen oder der Einführung von Steuern auf internationalen Finanztransaktionen verhallen in der täglichen Geschäftigkeit.

Manche lokal fixierte Fehlbeurteilungen erschweren es, den Weg in die Zukunft zu finden. Es gäbe neben der freien und globalen Marktwirtschaft im Kapitalismus keine Alternative, ist schlicht eine blosse Behauptung. Noch gefährlicher ist das Empfinden, nach dem Zusammenbruch des Marxismus sei das gesellschaftliche System für alle Ewigkeit gegeben. Gegenwärtige und ehemalige Wirtschaftsführer rühmen die sozialen Fortschritte in den Schwellen- und Entwicklungsländern im Zeichen der freien Marktwirtschaft; sie übersehen geflissentlich, dass sich in den armen Nationen die Wohlfahrtsschere aufgetan hat: In den letzten Jahrzehnten sind die Ärmsten der Armen noch ärmer geworden. Und wenn in meinem Land der Repräsentant einer Unternehmergruppe einer vermehrten Öffnung der Grenzen das Wort redet, was zu einem Lohnabbau führen könnte, übersieht er ganz einfach die in der Schweiz immer noch massgeblichen Grundsätze des sozialen Friedens.

Wir müssen uns auf den dritten Weg begeben, auch wenn die Propheten der reinen Marktwirtschaftslehre in der Globalität diesen Begriff bereits diffamieren. Es ist ein Weg, der Sustainability im weitesten Sinn zur Voraussetzung hat. Die Berücksichtigung unserer ökonomischen und sozialen Umwelt fällt darunter. Sie bedarf der Darstellung in den Geschäftsberichten, die wiederum ein Rating durch eine neutrale Stelle als sanftes Druckmittel veranlassen. Zum Schutz der von der Natur geschaffenen Ressourcen werden Netzwerke erarbeitet, welche die teilnehmenden Firmen zu einer entsprechenden Geschäftspolitik zwingen, Investmentfonds werden auf den Wunsch eines immer sensibleren Anlagepublikums kreiert, welche sich auf Anlagen in den Aktien umweltfördernder Gesellschaften beschränken, Konferenzen rufen nach einem Umdenken. Die junge Generation ist, so will mir scheinen, für diese Belange und ein das nationalstaatliche Denken überschreitendes Empfinden aufgerufen. Möge dieser neue Trend sich rechtzeitig entwickeln und nicht zum blossen europäischen Blockdenken werden, gerichtet gegen den zweifellos noch auf lange feststellbaren wirtschaftlichen amerikanischen Offensivgeist.

Nach dem Sturm (2002)

Das globale Börsendebakel – eine Bestandesaufnahme

Unmittelbar nach einem schweren und ausgedehnten Sturm fällt es schwer, die entstandenen Schäden festzustellen und zu werten. Spätfolgen treten ein, die in ihren Auswirkungen noch kaum abzuschätzen sind. Und schon erheben sich die Stimmen nach den Ursachen, vielleicht auch den Verursachern, und Fragen zu den notwendigen Vorkehrungen zur Vermeidung künftiger derartiger Missgeschicke. Mit einem Blick auf diese Parallele will ich mich dem globalen Börsendebakel zuwenden.

Der Buchverlust aller weltweit kotierten Aktien betrug seit Beginn des Jahres 2000 10,1 Billionen Dollar, seit Anfang 2002 waren es 3,1 Billionen Dollar. In den vergangenen dramatischen Monaten ist es zu Buchverlusten von bis zu 700 Milliarden Dollar pro Tag gekommen. Einzelne ehemalige Blue Chips verloren in dieser Baisse-Bewegung zwischen 80 und 90 Prozent ihres Höchstkurses. Übernahmen und Zusammenschlüsse

grosser Unternehmen sind weiter gegangen (ich erwähne beispielsweise die 60-Milliarden-Dollar-Übernahme von Pharma-
cia durch Pfizer), obschon sich die alte Wahrheit immer wieder
bestätigt, dass solche Transaktionen sich in der Mehrzahl der
Fälle nachträglich als falsch erweisen. Jüngst las ich in einem
Interview auf die Frage, weshalb eine Übernahme erfolgt sei, die
Antwort: «Um grösser zu werden.» Aber das Grösserwerden
ist doch wohl nur Mittel zum Zweck, doch zu welchem? Der
Vorsitzende der Geschäftsleitung eines deutschen Chemiekon-
zerns sagte jüngst: «Eine Akquisition ist für sich gesehen immer
ein Zeichen von Schwäche.» Das gelte jedenfalls dann, wenn es
bei dem Zukauf nur um Wachstum gehe und nicht um die Er-
schliessung eines neuen Kompetenzgebietes.

Auch die Allfinanz als Konzept der Zusammenfassung aller
Finanzdienstleistungen «unter einem Dach» erweist immer mehr
seine Problematik. Cross-Selling im vermeintlichen Interesse
der Kundschaft ist nicht einfach und zeigt sich der «offenen Ar-
chitektur» oft als unterlegen. Zudem können Interessenkonflikte entstehen. Verschiedene Unternehmenskulturen treffen
aufeinander, die eine Organisation wähnt sich als Zudienerin
der andern, Verluste im Bank- und Versicherungsgeschäft ad-
dieren sich aufeinander und verschlimmern das Jahresergebnis
entscheidend. Ich denke in diesem Zusammenhang beispielsweise an die Allfinanz-Gebilde Allianz/Dresdner Bank und
Crédit Suisse/Winterthur Versicherung.

Der Ruf der Manager hat gelitten, nicht zuletzt, weil sie es
trotz unglücklicher Unternehmensführung verstanden, ihre eigenen finanziellen Interessen über alle Gebühr zu berücksichtigen. Der goldene Fallschirm für die ausscheidenden Spitzen-
leute ist zu einer meistzitierten Wendung geworden. Vermehrt
wurden in letzter Zeit jüngere Manager durch ältere ersetzt. Der
eigentliche Unternehmer dagegen, der für seine Firma persönliches Risiko trägt und sich mit ihr identifiziert, wächst in der
Öffentlichkeit wieder aus dem Schatten dieser gesellschaftlich
entfremdeten Manager empor. Letztere bilden glücklicherweise
die Minderheit in der grossen Zahl langfristig und sozial den-
kender und handelnder Persönlichkeiten.

Was ist passiert?

Die vielzitierte «bubble», die jahrelang wachsend über unseren Häuptern schwebte und von der wirtschaftlichen Basierung völlig gelöst ein Eigenleben führte, ist geplatzt. Hierzu ein kurzer Zahlenhinweis: Der weltweite Kapitalstrom im Jahr 2001 betrug 13 Billionen Dollar. Damit überstieg er den globalen Güterstrom von 1,8 Billionen Dollar um das Siebenfache. Wenn die «financial bubble» in der allgemeinen Euphorie ihr oft erwähntes Eigenleben führte, dürfen wir nicht verargen, wenn nun in einer Periode unstabiler und unsicherer Konjunkturentwicklung die Börse jäh abstürzt und nicht willens ist, auf erste Zeichen der Morgenröte in der Wirtschaft anzusprechen. Zahlengläubig und kurzfristigem Erfolg verpflichtet waren all zu viele aus der Führungsequipe, die nun weltweit abgetreten ist.

Doch was fruchtet schon das im Übermass vorhandene Zahlenmaterial, wenn es nicht informativ, sondern verschleiernd ist? Kriminalität durch Taschenspielerkünste gigantischen Ausmasses, die um so leichter fallen, als manche Unternehmen in der neuen technologischen Entwicklung in wenigen Jahren aus dem Nichts auf einen Umsatz von 100 Milliarden Dollar gestiegen sind. (Ich denke in diesem Zusammenhang an Enron, die ihren Umsatz innert vier Jahren von 13 Milliarden Dollar auf über 100 Milliarden Dollar gesteigert hat.) Die freie Marktwirtschaft im Zeichen der Globalisierung bedarf doppelter Vorsicht, denn auch die Risiken sind global und wenig übersichtlich geworden.

Noch immer führen die Vertreter der absolut freien Marktwirtschaft Rückzugsgefechte. Sie würden besser bei der Frage klärend wirken, wo der grundsätzlich freien Marktwirtschaft Grenzen zu setzen und inskünftig Missbräuche durch Raubritter des finanziellen Bereichs zu vermeiden sind. Mit der Lächerlichmachung nachhaltiger Organisationen und ihrer Kongresse, die zahlenmässig rasch wachsen, ist es nicht getan. Eine Bestandesaufnahme im Vorfeld der Nachhaltigkeits-Konferenz von Johannesburg sieht ernüchternd aus. Seit dem ersten Umweltgipfel in Rio de Janeiro vor zehn Jahren konnte nur wenig umgesetzt werden. Dabei gilt es, die Anliegen aufzunehmen, ernsthafte Diskussionen zu führen und gleichzeitig zu verhin-

dern, dass sich in der Stille ein neuer Protektionismus breit-
macht.

Und mit der Korrektur der freien Marktwirtschaft, geboren
aus üblen Erfahrungen der jüngsten Vergangenheit, hat auch
eine Zuwendung zum erneut längerfristigen Denken in der
Unternehmensführung zu erfolgen. Tragen wir das kurzfristige
und einseitige Shareholder-Value-Denken zu Grabe und befassen wir uns vermehrt mit der Frage der Dominanz institutionel-
ler Grossanleger im Aktionariat internationaler Gesellschaften.
Die Übernahme von Mannesmann durch Vodafone beispielsweise haben nicht Kleinaktionäre, sondern – ausländische –
institutionelle Anleger entschieden, welche vielfach Anteile an
beiden Unternehmen hielten. Unser Demokratieverständnis hat
Schwierigkeiten, sich die Interessenwahrung des Durch-
schnittsaktionärs, der mit seinem Unternehmen regional und
seit alters verbunden ist, vorzustellen.

Staat, Politik und Wirtschaft

Der europäische Nationalstaat ist jüngeren Datums. Er ist ein
Kind des 19. Jahrhunderts. So wird auch er nicht von ewiger
Dauer sein. Aber sind wir auf dem Weg zu seiner Entmachtung
nicht bereits ein gutes Stück vorangeschritten? Der Nationalstaat verschafft dem Bürger, ungeachtet seiner Stellung, Rechts-
und Sozialsicherheit. Der Gedanke des Schutzes gegen äussere
Feinde darf zur Zeit zurückgelegt werden. Der Staat erhebt
Steuern und Abgaben und investiert in Infrastruktur und Ausbildung. Wir können auf ihn vorläufig nicht verzichten, denn es
gebricht an Alternativen. Die Interdependenz zwischen Politik
und Wirtschaft ist offensichtlich. Es ist eine falsche Lehre, der
Staat könne den sich selbst korrigierenden freien Marktkräften
einen Freipass austellen, will er seinen Aufgaben zum Nutzen
seiner Bürger gerecht werden. Er kann sich ausnahmsweise
Interventionen, welche gegen die freie Marktwirtschaft verstos-
sen, nicht entziehen – ein Sündenfall für den Dogmatiker.

Die finanzielle Hilfeleistung zu Gunsten der schweizerischen
Luftverkehrsgesellschaft gehört in dieses Kapitel, von staatlich
bestellten Überlebenshilfen in unseren Nachbarländern und
dem Mutterland der freien Marktwirtschaft, den USA, ganz zu

schweigen. In Dürrenmatts musikalisch untermalter Komödie «Frank der Fünfte» gesteht die Frau des Bankiers ihrem früheren Geliebten, dem blinden Staatspräsidenten, dass in ihrer Bank unzählige Verbrechen begangen worden seien und die Bank nun vor dem finanziellen Ruin stehe. Sie fordert die Zerstörung des Familienunternehmens, den Prozess gegen die Privatbank, Gerechtigkeit. Der Staatspräsident jedoch überreicht ihr einen Scheck – die Staatsbank kommt zu Hilfe. Die Weltordnung muss unterstützt werden. Ist dieser schriftstellerische Hinweis so wirklichkeitsfremd?

Ein praktisches Moment des Zusammengehens von Politik und Wirtschaft sei nicht verschwiegen: Politiker verstehen zumeist nichts oder wenig von Wirtschaft. Wie wollen sie im konkreten Fall gesetzgeberisch einwirken, wenn ihnen das Wissen um die Zusammenhänge fehlt. Mit oft missionarischem Eifer werden neue gesetzgeberische Erlasse geschaffen, wenn es um die Reinhaltung des Finanzbereiches von schmutzigem Geld geht. Das Bestreben in allen Ehren. Geprüft werden solche Verstösse jedoch in der Regel von Persönlichkeiten, denen die notwendige Praxis fehlt. Die Folgen sind sprunghaft wachsende Bürokratie bei den Banken und eine hierdurch reduzierte Rentabilität – Tatsachen, die auch in diesem Umfeld der Erwähnung bedürfen.

Der wachsende Anti-Amerikanismus

Ein zwiespältiges Verhältnis herrscht zu unseren «grossen Verwandten» im Finanzbereich, den USA. Unsere junge Managergeneration wurde dort geformt und übernahm die dortigen Wertvorstellungen. Die Früchte dieser Ausbildung sind an der Schwelle zum weltweiten Börsendebakel zu finden, vielleicht eine etwas einseitige Darstellung. Wir glaubten, nicht zuletzt dank der Übernahme amerikanischer Wirtschaftslehren, den Weg in die Unabhängigkeit der europäischen Börsensysteme gefunden zu haben, zumindest eine Resistenz gegenüber Wall Street. Die Praxis der jüngsten Vergangenheit hat uns das Gegenteil gelehrt. Unsere Börse ist vom Trend der New York Stock Exchange und der amerikanischen Volkswirtschaft abhängig, was zunehmende Ressentiments auslöst. Amerikanische

Investoren übernehmen europäische, vielleicht notleidende Firmen auf Zeit, um sie irgendwann mit gutem Gewinn wieder abzustossen. Was zählt, ist der Nutzen – der Arbeitnehmer vor Ort wird zur «quantité négligeable». Dies wirkt für unser hergebrachtes Denken und unser soziales Empfinden stossend, doch wo ist die Alternative, soll nicht der Staat intervenieren?

Internationale Organisationen und Weisungen werden missachtet, wenn es der amerikanischen Supermacht zweckdienlich erscheint. Unter Präsident Bush ist der US-Messianismus immer fragwürdiger geworden. Ich denke beispielsweise an die Absage der Vereinigten Staaten an das Klima-Protokoll von Kyoto. Viel stärker wohl wirkt sich in diesen Monaten aus, dass die USA sich für angebliche Menschenrechtsverletzungen, irgendwo in der Welt begangen, die Rechtshoheit anmassen, und umgekehrt üben die Vereinigten Staaten Druck auf die einzelnen Nationen aus, inskünftig auf die Auslieferung amerikanischer Staatsbürger an den Internationalen Strafgerichtshof zu verzichten. Mit verbalem Anti-Amerikanismus ist es nicht getan. Eigene europäische Konzepte und Lösungsvorschläge sind zu erarbeiten, das eigene kulturelle und wirtschaftliche Umfeld vermehrt in Rechnung zu stellen, neue Rezepte und Schlagworte aus Übersee vorerst kritisch zu hinterfragen.

Nochmals: Die internationalen Organisationen

Der unentwegte Globalisierungskritiker Noam Chomsky bezeichnet die Globalisierung als einseitig auf eine kleine Gruppe mächtiger Staaten, Konzerne und Menschen ausgerichtet, eine von vielen Stimmen. Am Weltsozialforum in Porto Allegre diskutierten Bürgerrechtsbewegungen aus Nord und Süd Alternativen zur Globalisierung. Die internationalen Organisationen gelangten dabei einmal mehr ins Kreuzfeuer der Kritik: Zwischen dem konzeptionellen Anspruch und der Wirklichkeit öffne sich eine Schere.

Die Schuldenlast der ärmsten Länder ist seit 1992 laut dem Worldwatch-Institut um 34 Prozent gestiegen. Der durchschnittliche Beitrag zur Entwicklungshilfe beträgt heute bloss 0,22 Prozent des Bruttosozialproduktes. (Die Schweiz liegt mit 0,34 Prozent noch über diesem Wert.) Rio 1992 forderte jedoch einen Anteil von 0,7 Prozent. Die Hälfte der Erdbevölkerung muss mit weniger als zwei Dollar am Tag auskommen, für den Schuldendienst fliessen Milliarden Dollars aus den südlichen Ländern in den reichen Norden (1999 sollen es rund 340 Milliarden gewesen sein). So stehen Weltbank und Internationaler Währungsfonds (IWF) als angeblich gnadenlose Verkörperung des Kapitalismus im Fadenkreuz der Globalisierungsgegner. Die Krisen in Argentinien und Brasilien haben die Rolle des IWF in den vergangenen Jahren neu überdenken lassen. Eine fehlgeleitete Wirtschaftspolitik durch Buenos Aires sei mit unverhältnismässig zinsgünstigen Konditionen unterstützt worden. Kritik jeglicher Art, wohin man blickt. Die Kritik von Globalisierungsgegnern und Kämpfern für sozialen Ausgleich und Nachhaltigkeit wirkt oft einseitig und unrealistisch, aber die Stimmen dürfen nicht ungehört verhallen. Wir müssen die Diskussion aufnehmen, die bestehenden Weltorganisationen ausbauen und wirkungsvoller gestalten. Dieser Weg wird lang und mühsam sein und dennoch gibt es keine Alternative.

Die Probleme vor der eigenen Türe

Kehren wir von diesen globalen Rundumschlägen in unsere eigenen vier Wände, und damit meine ich die westeuropäischen Länder, zurück. Wir konsumieren beispielsweise Fleisch von Schlachtvieh, das vorher lebend durch ganz Europa transportiert wurde. Wir essen Erdbeeren aus Südafrika und tropische Früchte, die uns aus der ganzen Welt und zu jeder Jahreszeit erreichen. Wir fragen als Käufer nach dem billigsten Preis, aber stellen nicht die Frage, ob die Hersteller der betreffenden Produkte eine loyale Entlöhnung erhalten haben. Sollten wir nicht auch vor der eigenen Türe kehren, anstatt passiv den grossen und weltweiten «Wurf» abzuwarten? Wir rühmen uns, dass Kriege im westeuropäischen Raum der Vergangenheit angehören. Sind wir dagegen in die Epoche der Weltkrisen und Baissen hineingewachsen? Vor Jahren entdeckte ich in der Bibliothek eines Schweizer Stahlwerks ein Buch aus dem Jahr 1856, dessen Autor darstellte, wie aufgrund neuer wirtschaftlicher und wissenschaftlicher Gegebenheiten eine Krise nicht mehr möglich sei. Nun, wir haben uns vom Gegenteil überzeugt.

Erarbeiten wir jetzt Voraussetzungen, um künftiges globales Missgeschick zu verhindern? Sie gehen neben jenen für eine sozialere und nachhaltigere Welt einher und entbehren jeder Lautstärke. Ich denke zum Beispiel an die immer wieder postulierte steuerliche Erfassung internationaler Kapitalströme. Schaffen wir aber mit neuen Überwachungsmechanismen nicht zusätzliche Bürokratien, was die Banken – wie erwähnt – bereits sehr ausgeprägt zu spüren bekommen? Der institutionalisierte Interessenkonflikt internationaler Beratungs-Firmen, welche für ihre Kunden gleichzeitig als Kontrolleure und Berater wirken, wird nicht nur in den USA einer Verselbständigung dieser Tätigkeiten in autonomen Firmen weichen. Die Kontrollinstrumente werden technologisch verfeinert und zeitgerechter. In den USA müssen seit neustem die Bilanzen von der Geschäftsleitung zertifiziert werden.

Skeptischer Blick in die Zukunft

Ungeachtet dieser Darstellung blicke ich skeptisch in die Zukunft. Die kommende Generation internationaler Finanzjongleure ist geboren. Sie wird sich nach einer Phase der Lethargie und vorsichtiger Zurückhaltung zu Wort melden und von den Boulevard-Medien emporstilisiert werden. Wir brauchen Helden, im Sport, im Film und in der Finanzwelt. Diese Helden der Zukunft bedürfen der strafrechtlichen Einbindung und der vermehrten Kontrolle durch eine wirkungsvolle Corporate Governance. Transparenz ist gross zu schreiben, die Unabhängigkeit der Kontrolle – wie erwähnt – sicher zu stellen. Wir dürfen nicht leichten Sinnes eine Lösung der skizzierten Probleme durch die Europäische Union in ihrer heutigen Gestalt erhoffen. Schon wird die Europäische Union von profilierten Persönlichkeiten Europas als erneuerungsbedürftige Episode bezeichnet. Mit der Formel «Europe à la carte» wird ein neuer Weg gesucht, dessen Stichworte sich Unternehmergeist, Wettbewerb und Subsidiarität nennen und der sich am Horizont verliert.

Der Präsident des Schweizerischen Arbeitgeberverbandes sprach kürzlich seinen Mitgliedern ins Gewissen, wenn er sagte, wir brauchten einen neuen Typ von Managern, die nicht nur die

Eigenkapitalrendite zum Massstab ihres Tuns erklärten und es an Gesamtverantwortung für Umwelt, Gesellschaft und Mitarbeitende fehlen liessen. Die Firmenchefs sollten wieder im beruflichen wie privaten Bereich zu Vorbildern ihrer Mitarbeiter werden, wobei weder Hochmut noch Herrschergehabe angebracht seien. Solche Stimmen häufen sich. Wir müssen sie aufnehmen, beherzigen und weitertragen. Wir alle sind gefordert, allzu viel steht auf dem Spiel, als dass wir uns dem entziehen dürften. Wir führen so gern die Begriffe von Demokratie und Freiheit im Mund. Wenn wir nicht Lehren aus dem jüngsten Kollaps im Wirtschaftsbereich ziehen, droht ein neuer Sturm mit weitreichenden Auswirkungen auf unsere gesellschaftliche Ordnung.

Die gemeinnützige Stiftung

Es liegen Milliarden bei stiftungswilligen Gründern bereit, die – mehr denn je – mangels Erben oder familiärer Verbundenheit den Weg des Spenders suchen.

Die Vielfalt in der Motivation (2001)

Gemeinnützige Stiftungen führten während langen Jahrzehnten ein Mauerblümchen-Dasein, von wenigen Ausnahmen abgesehen. Die einst in der Stille – man möchte beinahe sagen verschämt – gegründeten Stiftungen sind zwar noch existent, aber sehr unterschiedlich in ihrer Ausgabenpolitik. Stifter oder Stifterin bestellten einst die Stiftungsorgane vorwiegend aus ihrem Freundeskreis, fachliche Eignung und Erfahrung bei den Gewählten wurden nur ausnahmsweise vorausgesetzt. Etwas vereinfacht ausgedrückt: Man kannte einander und setzte die bescheidenen, konventionell angelegten Fondsmittel im engen Raum ein. In einer Zeit der Zahlenexplosion in allen Bereichen entsteht nun eine neue Gruppe potenter Stiftungen, deren Gründer und Stiftungsräte aus ihrem Wirken zum Nutzen der Allgemeinheit kein Geheimnis machen. Es ist kein Zufall, wenn die Schweizer Banken die Abteilungen zur Beratung in Stiftungsfragen ausbauen, oft im Anschluss an die vermehrt gepflegte sogenannte integrale Vermögensverwaltung. Die Kundenbedürfnisse haben sich in dieser Richtung ganz wesentlich vergrössert, sei dies durch gesellschaftliche oder wirtschaftliche Gründe verursacht.

Grosse Privatvermögen sind in den letzten Jahrzehnten entstanden, oft in kurzer Frist. Die familiären Beziehungen sind gelockert, Nachkommen, sofern überhaupt vorhanden, führen ihr eigenes Leben. Rasch und nicht «im Schweisse des Angesichts» erworbener Reichtum lädt zur grosszügigen Geste gegenüber der Öffentlichkeit ein. Es wäre aber falsch, den Spenderinnen und Spendern keine Motivation aus gemeinnützigem

Denken zuzubilligen. Vielleicht mehr als unsere Väter sehen wir im beruflichen Erfolg nicht das letzte Ziel, sondern bemühen uns um ein ausgewogenes, vielseitiges Leben. Aus neuen, in der zweiten Lebenshälfte entstandenen Interessen wächst der Wunsch nach einem aktiven Mitwirken, eben unter Umständen durch die Gründung einer gemeinnützigen Stiftung. Persönliche Betroffenheit und Dankbarkeit spielen mit, das Gedenken an eine Persönlichkeit oder ein prägendes Ereignis, in Einzelfällen auch die Sicherung der Unternehmenskontinuität.

Der Werterhaltung für die eigene Familie sind durch die 1912 im Schweizerischen Zivilgesetzbuch erfolgte Abschaffung der Institution der Familienfideikommisse und der Steuerfreiheit für Familienstiftungen Grenzen gesetzt. Umgekehrt wachsen die Bedürfnisse nach freiwilligen Zuwendungen, da die Familie in einer sich immer mehr in Einelternteil-Familien und Singles auflösenden Gesellschaft als finanzieller Rückhalt ausfällt und die öffentliche Hand zufolge ihrer Budgetkürzungen sich neuerdings mancher Aufgabe entzieht oder auf Zuschüsse von dritter Seite angewiesen ist.

Gelder für Kultur und Forschung

Wir brauchen in jeder Stadt ein reiches Kulturleben, das nicht nur von der Oper und grossen Orchestern verkörpert wird. Wir benötigen Klein- und Experimentiertheater, kleine Orchester, Chöre und Ballettgruppen. Diese Kulturträger manifestieren unsere kulturelle Vielfalt und Internationalität auf Auslandstourneen. Ausländische Künstler, oft durch Einzelinitiative eingeladen, erweitern unser kulturelles Verständnis. Beides will finanziert sein. Landesweit wird mit viel Einsatz und Ideen, aber oft nur mit bescheidensten finanziellen Mitteln, ein lokales Kulturleben in Dörfern und abgelegenen Gegenden gepflegt. Die Verbundenheit mit dem eigenen Boden wird verstärkt, die Abwanderung in die Städte verkleinert – so hoffe ich wenigstens. Solidarität drängt sich auf. Die Stiftung in der Stadt unterstützt ländliche Veranstaltungen. Der «Röstigraben» wird mit Vergabungen immer wieder übersprungen.

Die Hochschulen rufen, gestützt auf neue Projekte, nach neuesten Apparaturen und zusätzlichen Stellen, stossen aber aus dem erwähnten Grund beim Staat oft auf taube Ohren. Die gemeinnützige Stiftung mit entsprechender Zweckbestimmung ist angesprochen. Wissenschaftler und weitere Fachleute versuchen dem Stiftungsrat in langen Sitzungen ihre Anliegen verständlich zu machen. Die Frage der Grenzziehung bei finanziellen Aufwendungen in solchen Fällen stellt sich jedem Stiftungsrat. Welche Aufgaben betrachtet man als jene des Staates, und ist nicht in besonders schwerwiegenden Fällen anstelle der ablehnenden öffentlichen Hand einzuspringen, ungeachtet der einmal geschaffenen Grenzziehung? Flexibilität in der Vergabungspolitik also, die den Stiftungsrat vermehrt beansprucht, will sie nicht in Willkür ausarten.

Privates Engagement tut not

Wir rühmen uns unseres sozialen Netzes, doch die Maschen sind weit und rufen nach zusätzlicher Hilfe durch private Institutionen, eben wie beispielsweise gemeinnützige Stiftungen. Erlauben Sie mir einige Beispiele aus der eigenen Praxis: «Ehemalige Drögeler» sind erst im vorgerückten Alter «trocken» geworden, sie haben in der Jugend die Ausbildung verpasst und staatliche Mittel sind nicht mehr erhältlich. Alleinstehenden Müttern mit mehreren Kleinkindern werden einige Ferientage finanziert. Heime für Behinderte erhalten neues Mobiliar oder Raumschmuck. Eine von mehreren ehemaligen Strafgefangenen betriebene Bäckerei erhält nach langem Abwägen ein Startkapital. Stipendien für die Weiterbildung junger, hoch talentierter Musiker werden bewilligt. Die Zusammenarbeit mit den Fürsorgebehörden, von denen ich zumeist einen sehr guten Eindruck habe, verläuft problemlos. Jedes Gesuch wird gründlich geprüft, Gesuchsteller werden vorgeladen und die Abschlusszeugnisse der zuvor finanzierten Schulen und Kurse sind vorzulegen.

Etwa 23 000 Stiftungen sind im Handelsregister eingetragen, davon sind ungefähr 7000 klassische beziehungsweise gemeinnützige Stiftungen. In unserem nördlichen Nachbarland hat sich die Zahl der Neugründungen in den vergangenen Jahren verdoppelt, deren Unterstützung durch Politiker, auch linker Couleur, ist offensichtlich. Wie verhält es sich, angesichts dieses

Sachverhaltes, in der Schweiz? Sind unsere Gesetzgeber und Behörden bereit, dieser Entwicklung Rechnung zu tragen, zur Entlastung der öffentlichen Hand, zur wissenschaftlichen Förderung im internationalen Konkurrenzkampf, zum Nutzen kultureller Vielfalt und auch jener, denen das finanzielle Schicksal in der reichen Schweiz übel mitgespielt hat? Es geht meines Erachtens um Milliarden Franken, die über eine gemeinnützige Stiftung solchen Zwecken zugeführt werden könnten, wenn unsere Behörden zur Revision des Stiftungsrechtes und der steuerlichen Rahmenbedingungen für Stifter, Stiftungen und Spenden Hand böten und sich nicht – dies ist meine Befürchtung – auf kosmetische Änderung beschränkten.

Die Stiftung als Stiefkind der politischen Öffentlichkeit (2001)

Ich durfte in den vergangenen Jahrzehnten nicht nur als Bankier bei der Gründung gemeinnütziger Stiftungen beratend mitwirken, sondern habe bei der Schaffung eines halben Dutzend eigener und der Vontobel-Gruppe nahestehender gemeinnütziger Stiftungen Erfahrungen gesammelt, die keinen Anspruch auf Allgemeingültigkeit haben, aber doch Hinweise geben, wenn wir diese Materie liberalisieren wollen. Manche anscheinend erfolgversprechende Gespräche mit Kunden zum Thema Stiftungsgründung mündeten in die besorgte Frage, wie es sich verhalte, wenn der Stifter (oder die Stifterin) nach erfolgter Stiftungsgründung irgendwann sein/ihr verbliebenes Vermögen verliere. Vielleicht eine typische Schweizer Frage, aber die Antwort der Unwiderrufbarkeit der Stiftung führte meist zum Verzicht auf die gehegte Absicht.

Die Widerrufbarkeit einer gemeinnützigen Stiftung, verbunden mit allen nachteiligen, steuerlichen Konsequenzen, könnte Wunder wirken. Dieses Recht wäre auf den Stifter zu beschränken, keinesfalls auf die Nachkommen auszudehnen. Die Voraussetzungen zum Widerruf wären durch behördlichen Erlass festzulegen. Man begegne mir nicht mit dem Argument des Missbrauchs, der sich sicherlich eliminieren lässt. Missbrauch ist schliesslich auch andernorts möglich, wenn nicht Gesetzgeber und Behörden allfällig sich in der Praxis ergebende Lücken schliessen. Entspringt dieses pauschale Argument nicht einer geistigen Unbeweglichkeit? Die Gegner der Widerrufsmöglichkeit werden anführen, dass der Stifter eine Stiftung mit einem kleinen Anfangskapital errichten könnte, um sie später mit seinem Nachlass zu äufnen. Damit wäre bei einem Vermögensverlust seitens des Stifters die Gefahr der Konsequenzen eines nachträglichen Verlustes gebannt. Stifter wünschen aber regelmässig eine Errichtung der Stiftung zu Lebzeiten, um deren Erfolg auch wirklich zu sehen.

Kantonale Differenzen

Ein anderes Bild: Der Gesprächspartner interessiert sich für den Prozentsatz der Abzugsmöglichkeit am steuerpflichtigen Einkommen im Falle der Gründung einer gemeinnützigen Stiftung und erfährt von den kantonalen Differenzen. Der Kanton Zürich beispielsweise begrenzt diese Abzugsmöglichkeit auf 20 Prozent, wogegen sie im Kanton Baselland bei 100 Prozent der steuerbaren Einkünfte liegt. Die Schweiz, die sich als weltoffen bezeichnet, lässt jedoch Abzüge von den steuerbaren Einkünften nur zu, wenn die freiwillige Geldleistung an eine juristische Person mit Sitz in der Schweiz erfolgt. Es gibt keinen überzeugenden Grund, die Abzugsfähigkeit bei Vergabungen an die schweizerische Niederlassung einer ausländischen gemeinnützigen Stiftung oder auch an eine gemeinnützige Organisation ohne Niederlassung in der Schweiz zu verweigern, wenn diese Niederlassung oder Organisation wegen der Verfolgung gemeinnütziger Zwecke steuerbefreit ist beziehungsweise auch bei uns steuerbefreit wäre.

Ein Rückblick auf Gespräche mit Vertretern eidgenössischer Steuerbehörden: Es wird kategorisch verlangt, dass sämtliche Erträge einer zu gründenden gemeinnützigen Stiftung jährlich ausgeschüttet werden. Eine sogenannte Thesaurierung werde nicht zugelassen. Wie soll eine über Jahre konstante Vergabungspraxis entwickelt werden, wenn durch grosse Börsenrückschläge die Substanz der Stiftung mangels Reserven angezehrt wird? Die Honorierung der Stiftungsräte hätte nach bescheidenen Ansätzen zu erfolgen, als ob es heutzutage noch möglich wäre, für die Führung grosser gemeinnütziger Stiftungen anerkannte Persönlichkeiten zu gewinnen, die mit einem bescheidenen Sitzungsgeld abgespeist werden können. Professionelle Arbeit des Stiftungsrates soll der Leistung entsprechend honoriert und damit professionell entlöhnt werden. In der Praxis sieht man die Gefahr eines Missbrauches, indem sich nahestehende Personen in den Stiftungsrat wählen und sich alsdann mit saftigen Honoraren entschädigen lassen. Das Gespenst einer späteren Pressepolemik steht im Raum.

Solche Sonderfälle, wie geschildert, sind sicher vielfach einem liberaleren Verständnis gewichen. Doch wie verhält es sich in den Kantonen und Gemeinden? Wird der Tatsache Rechnung getragen, dass der Umfang des Stiftungskapitals im Einzelfall immer grösser wird, oft mehrere Millionen umfasst? Wird berücksichtigt, dass vor den häufiger werdenden Sitzungen des Stiftungsrates von dessen Mitgliedern immer umfangreichere Dossiers zu ganz verschiedenen Materien gründlich zu studieren sind? Die Institution des Sachreferenten zum jeweiligen Traktandum drängt sich auf.

Die Anlagen des Stiftungskapitals

Es entspringt nicht nur der «déformation professionelle» des Bankiers, wenn er dieses Problem kurz streift. Immer grösser werdende Stiftungsvermögen sind in einem der Unbeständigkeit mehr und mehr ausgesetzten Markt auf vielfältige Weise angelegt, sofern diese Investitionen seitens der Aufsichtsbehörde nicht nach konservativen Gesichtspunkten eingeengt werden. Wer spricht noch von mündelsicheren Papieren? Der Stifter, angenommen er sei im Stiftungsrat, ist wohl der beste Hüter einer sorgfältigen Kapitalanlage, doch seine Tage sind bemessen. Es sind die nachfolgenden Generationen von Stiftungsräten, die den ihnen richtig erscheinenden Weg der Investitionen gehen, sofern sie sich nicht der blossen Passivität befleissigen.

Professionelle Vermögensverwaltung ist gefragt, wie man sie auch für Privatanleger kennt. Es muss eine Anlagestrategie gewählt werden, die dem Zweck der Stiftung vollumfänglich Rechnung trägt und eine bestmögliche Vergabungspolitik zulässt. Die Revisionsstelle und die Aufsichtsbehörde wären gefordert, indem sie die Stiftungsgelder auf ihre optimale Anlage überprüfen müssten. Die Aufsichtsbehörde auf Bundes- oder kantonaler Ebene beschränkt ihre Tätigkeit zumeist auf die Überwachung der Innehaltung der Zweckbestimmung und die Revisionsorgane gehören oft dem gesellschaftlichen Kreis der Stiftungsräte an oder stehen in deren Diensten. Eine professionelle Überwachung der Tätigkeit der Stiftung ist gefordert. Gelingt es, die Aufsicht über die Stiftungen im Gesetz genauer zu definieren, so wäre mehr Transparenz gegeben und die Seriosität vermehrt gewahrt.

Und nochmals die Kantone...

Ich habe im Jahr 2000 eine Umfrage an die Aufsichtsbehörden von zehn Kantonen veranlasst, deren Antworten recht verschieden lauteten. Die Vertreter des Kantons Zürich haben mich sogar durch eine eigentliche Präsentation informiert. Einige Behörden umschreiben ihre Tätigkeit als Aufsicht über «die gesamte Tätigkeit der Stiftung», doch was ist unter dieser Tätigkeit zu verstehen? Wahrscheinlich die zweckentsprechende Verwendung der Stiftungsgelder, welche bei einer blossen Kapitalanhäufung über eine längere Zeit die Stiftungsbehörden zur Intervention veranlasst. Im Kanton Graubünden wird darüber gewacht, dass das Stiftungsvermögen nicht spekulativ oder allzu risikoreich verwaltet wird. Im Kanton Thurgau besteht eine regierungsrätliche Verordnung, die den Stiftungsorganen eine Vermögensverwaltung nach den Grundsätzen einer sicheren Anlage vorschreibt. Konkret werden Gesetzes- und Urkundenkonformität der Jahresrechnung, Geschäftsführung und Vermögensanlage überprüft.

Im Kanton Zug obliegt die Überprüfung der Vermögensanlage der Aufsichtsbehörde der Stiftungen. In St. Gallen wird die mündelsichere Anlage des Stiftungsvermögens vorgesehen, sofern dies die Statuten verlangen. Fragen über Fragen ergeben sich aus diesen Formulierungen, die einer einheitlichen Beantwortung harren. Zur Frage der Revisionsstelle wird im Kanton St. Gallen vermerkt, dass nur Stiftungen mit einer Kontrollstelle akzeptiert würden. Es existiert aber kein Katalog anerkannter

Revisionsstellen. In den anderen Kantonen, soweit angefragt, ist eine Revisionsstelle erwünscht, wird aber nicht vorgeschrieben.

Ich befürchte, dass der eben dargelegte Sachverhalt in einer Zeit fliessender Moralwerte und des raschen Gewinns bei nur schwer überblickbaren und sich ständig ändernden Investitionsmöglichkeiten irgendwann zu einem Debakel und damit zur Diskriminierung der Institution der gemeinnützigen Stiftung führt. Wäre es im Zusammenhang mit der Revision des eidgenössischen Stiftungsrechtes nicht prüfenswert, für die Überwachung der Anlage von Stiftungsvermögen Richtlinien zu setzen? Die Zeit der Anlage kleiner Stiftungen aufs Sparbuch, in Kassenobligationen und Hypotheken ist vorbei.

Der Mangel an Transparenz

Anders als in unserem nördlichen Nachbarland, wo grosse und wortreiche gemeinnützige Stiftungen auch der Profilierung dienen, führen diese in unserem Land zumeist ein Leben in der Verborgenheit. In den USA verhilft die Errichtung einer Stiftung dem Stifter zu Prestigegewinn und gesteigertem Ansehen. Publizität verhilft der Stiftung einerseits zu Transparenz, andererseits werden dadurch kleinere Stiftungen mit Anfragen überhäuft, welche sorgfältig überprüft werden müssen und die Stiftung vom Arbeitsaufwand her überfordern.

Das Stiftungsverzeichnis des Eidgenössischen Departements des Innern enthält gemeinnützige Stiftungen, welche aufgrund ihres gesamtschweizerischen oder internationalen Charakters unter Bundesaufsicht stehen. Der Eintrag beruht auf Freiwilligkeit, weshalb das Verzeichnis nicht abschliessend ist. Im Kanton Zürich existiert ein Verzeichnis des kantonalen Steueramtes über die selbständigen Anstalten des Kantons und der Gemeinden sowie die juristischen Personen mit gemeinnützigen und öffentlichen Zwecken. Die Zentralstelle für Wohlfahrtsunternehmen (ZEWO) veröffentlicht eine Übersicht über die gemeinnützige Arbeit der Schweiz mit Tipps für Spender. Es werden aber nur die von der ZEWO mit dem Gütesiegel ausgezeichneten gemeinnützigen Institutionen aufgeführt. Das Verzeichnis des kantonalzürcherischen Steueramtes sieht keine Angabe der Zweckbestimmung vor. So tappen Gesuchsteller mit legitimen Wünschen zur Unterstützung oft im Dunkeln, Stiftungskapitalien liegen brach. Wollen wir nicht im Bewusstsein der wachsenden volkswirtschaftlichen Bedeutung gemeinnütziger Stiftungen einen grossen Schritt nach vorn gehen und für diese eine wesentlich verbesserte Transparenz schaffen?

Nicht nur der Stiftungszweck ist für jedermann einsehbar zu publizieren. Es sind auch – eine gewisse Grösse des Stiftungskapitals vorausgesetzt – die Jahresberichte und -rechnungen den zuständigen staatlichen Stellen und privaten Interessenten zur Verfügung zu halten. Ein Mehr an Arbeit, gewiss, aber gleichzeitig eine kritische Einsichtnahme durch Dritte, die Missbräuche oder blosse Passivität verhindert. Neben die staatliche Aufsicht tritt eine wachsame Öffentlichkeit, welche eine geruhsame Häufung der vorhandenen Stiftungsmittel ohne entsprechende Aktivitäten nicht mehr zulässt. Das Informationsbedürfnis der modernen Presse scheint unbegrenzt, ist aber auch sehr selektiv. Deren Berichte über grosse Vergabungen und Veranstaltungen gemeinnütziger Stiftungen könnten den Stiftungsgedanken für ein breites Publikum zugänglicher und akzeptabler machen. Ich denke beispielsweise an Veranstaltungen zu Gunsten Behinderter oder alter Menschen, doch für die meisten Medien sind solche Anlässe keiner Erwähnung wert. Bedarf es wirklich immer der umsatzsteigernden Schlagzeile?

Die internationale Konkurrenz

In Gesprächen zur internationalen Wettbewerbsfähigkeit unseres Landes im Steuerrecht bin ich immer wieder auf Unverständnis gestossen. Wir realisieren noch zu wenig, dass die Mobilität der Menschen auf der westlichen Hemisphäre gewaltig zugenommen hat, vor allem jene der reichen Partikulare und Frührentner. Man folgt auf der Suche nach einem neuen Domizil nicht bloss dem Herzen und der schönen Natur, sondern auch den steuerlichen Vorzügen. Nicht umsonst geben verschiedene Kantone Ausländern die Möglichkeit, im Falle der Wohnsitznahme ein Steuerarrangement mit den dortigen Behörden zu treffen. Wer sich unter diesen potenziellen Zuzügern mit dem Gedanken einer gemeinnützigen Stiftung quasi als Aufgabe für den Lebensabend trägt, wird sich mit den gesetzlichen Möglichkeiten und Hemmnissen einer solchen Stiftung befassen. Sollten wir nicht solche Überlegungen, wie sie uns heute oft noch fremd sind, miteinbeziehen, wenn wir uns mit der Revision des Stiftungsrechtes und der damit verbundenen steuerlichen Probleme befassen? Die Schweiz als besonders geeigneter Standort zur Gründung gemeinnütziger Stiftungen sollte in steuerlicher Hinsicht attraktiver gemacht werden. Stiftungen sind kein Instrument der Geldwäscherei, wie leichtfertig behauptet werden könnte, denn Einzahlungen und Transaktionen von Stiftungen werden von den Banken gleichermassen überwacht wie bei anderen Kontoinhabern. Die Identifikation des Vertragspartners, also der Stiftung, erfolgt nach den üblichen Grundsätzen der Vereinbarung über die Standesregeln zur Sorgfaltspflicht der Banken.

Die Vontobel-Stiftungen

Zweckbestimmung, Organisation und Arbeitsweise

Mit der Familien-Vontobel-Stiftung, der Stiftung Kreatives Alter und der Stiftung Lyra sind es verschiedenartige gemeinnützige Stiftungen, welche im Laufe der Zeit in- und ausserhalb der Vontobel-Gruppe entstanden sind und auf welche ich meine Erfahrungen und Ausführungen abstütze. Gemeinsam ist diesen gemeinnützigen Stiftungen ihre Offenheit für Gesuchstellerinnen und Gesuchsteller, die – ungeachtet ihrer Nationalität – in der Schweiz wohnhaft sind oder in der Schweiz ausgebildet werden sollen. Beiträge an andere Vereinigungen mit allgemeiner Zweckbestimmung werden grundsätzlich keine gewährt. Es sind Menschen und Projekte, die Unterstützung finden sollen. Für jeden Fall ist ein Budget vorzulegen, Gesuche zur Ausgleichung oder Reduzierung eines Defizits nach einer erfolgten Veranstaltung werden nicht berücksichtigt.

Es gehen jährlich über 1000 Gesuche verschiedenster Art ein, die alle kritisch geprüft und oft durch persönliche Gespräche ergänzt werden. Nicht berücksichtigt in diesen Zahlen sind die rund 500 Teilnehmerinnen und Teilnehmer, die sich am im Zweijahresturnus stattfindenden Wettbewerb der Stiftung

Kreatives Alter beteiligen. Die Tätigkeit der erwähnten Stiftungen erfolgt zumeist ausserhalb des Rampenlichts der Öffentlichkeit, sind es doch in sozialen Härtefällen und bei Ausbildungsfinanzierungen oft nur relativ kleine Beiträge. Werden aber – ich denke an öffentliche Veranstaltungen beispielsweise – die Spender genannt, legen wir Wert darauf, dass unsere Stiftung gebührend gewürdigt wird.

Die Vontobel-Stiftung – dies im Gegensatz zur Familien-Vontobel-Stiftung – habe ich eingangs nicht erwähnt, da sie ein Sonderfall ist, sollen doch ihre Aktien der Vontobel Holding AG beitragen, die stabile Zukunft der Vontobel-Gruppe zu sichern. Die Steuerbefreiung wurde von den zuständigen Behörden mit der Auflage gewährt, dass die Erträge zu gemeinnützigen und kulturellen Zwecken verwendet werden. Maximal ein Drittel darf für die Herausgabe der bekannten Vontobel-Schriftenreihe verwendet werden.

Die Familien-Vontobel-Stiftung

Die Familien-Vontobel-Stiftung setzte beispielsweise die für das Jahr 2001 mit 2,5 Millionen Franken budgetierten Mittel in der Grössenordnung von einigen tausend bis dreissigtausend Franken nach einem Verteilungsschlüssel ein, der sich in Film, Literatur und Theater (25 Prozent), Musik (15 Prozent), Aus- und Weiterbildung (20 Prozent), Sozialhilfe (30 Prozent) sowie Kulturgut und Naturschutz (10 Prozent) aufgliedert. Einige Beispiele von Vergabungen: Ausbildung von nicht mehr drogenabhängigen älteren Menschen, die zufolge fehlender Berufslehre keine Stelle finden; Ferien für Eltern und Angehörige von Schwergeschädigten, die im Haushalt leben; Veranstaltungen für Angehörige von Alzheimerkranken; Einrichtungen in Pflegeheimen verschiedenster Art.

Bei personenbezogenen Gesuchen wird zu prüfen gesucht, wie sich die häusliche Situation darstellt. Wie verhält es sich mit der Unterstützungspflicht und -möglichkeit durch Angehörige? Immer wieder sind es völlig zerrüttete Familienverhältnisse, die vorliegen. Der jungen Generation in derartiger Not wollen wir helfen. Kindern von zugewanderten Eltern finanzieren wir die Integration, vor allem auch in sprachlicher Hinsicht.

Die Zusammenarbeit mit Fürsorgebehörden, die uns oft solche Gesuche zuweisen, gestaltet sich beinahe ausnahmslos sehr gut. Aus Gründen der Arbeitsrationalisierung sind wir versuchsweise dazu übergegangen, einzelnen Fürsorgestellen einen jährlichen Kreditplafond zuzuweisen für Fälle, die sich aufgrund der bestehenden Reglemente nicht lösen lassen.

Der Stiftungsrat der Familien-Vontobel-Stiftung setzt sich aus fünf Angehörigen zweier Generationen der Familie Vontobel zusammen, trifft sich halbjährlich zu einer Sitzung und entscheidet über Kredite, die einen Betrag von 30 000 Franken überschreiten. Der Stiftungsrat wird weitergehend periodisch über die Tätigkeit schriftlich orientiert mit einer zusätzlichen Dokumentation über finanziell unterstützte Veranstaltungen und mit besonders eindrücklichen Dankesbriefen von Unterstützten, die das emotionale Element wach halten sollen. Drei Teilzeitmitarbeiterinnen teilen sich in die Behandlung der Gesuche, deren Zahl jedes Jahr wesentlich wächst.

Die Lyra-Stiftung

Die Lyra-Stiftung unterstützt junge Musikerinnen und Musiker aus dem In- und Ausland. Das jährliche Ausbildungslager für etwa 65 Spitzentalente im Kindesalter, die sich im Engadin zu dreiwöchigen Ausbildungskursen treffen, wird soweit als nötig finanziert, ebenso die Reisen dieser jungen Musikerinnen und Musiker, die aus China, Russland, Moldavien und anderen entfernten Regionen kommen. Den Höhepunkt der Aktivitäten stellt ein jährliches Abschlusskonzert in der St. Peterskirche in Zürich dar. Dieses Konzert hat zu einer wachsenden Zahl von Sponsoren geführt, die jährlich die Finanzierung ihrer Schützlinge übernehmen. Der Stiftungsrat beschränkt sich auf drei Personen. Die laufenden Geschäfte liegen in den Händen von zwei Teilzeitmitarbeiterinnen.

Die Stiftung Kreatives Alter

Pauschalurteile vereinfachen oder verfälschen das Bild unserer sich im tiefgreifenden Wandel befindenden Gesellschaft. Schlagworte, aus Ignoranz geboren, verlangsamen den Schritt in die Zukunft und erschweren einen neuen gesellschaftlichen Konsens. Die Menschen des reifen Lebensalters sind eingebettet in dieses Zeitgeschehen. Sie erfahren das Glück des Altwerdens, die späten Freiheiten, sofern ihnen ein gütiges Schicksal eine gute Gesundheit schenkt. Sie haben vielleicht ein langes Leben für diese Phase gekämpft, gearbeitet und gespart, möchten ihre Freiheiten kosten und sehen sich nun verschiedenerorts missverstanden und in die gesellschaftliche Ecke gedrängt. Bald sind sie umfassend mit dem Stempel von Altersschwäche und -krankheiten stigmatisiert, bald werden sie als Schmarotzer an den jüngeren Generationen bezeichnet und vernehmen von politischer Seite Rufe nach staatspolitischer und steuerlicher Diskriminierung. Diese Fehlurteile am älteren Menschen gilt es zu berichtigen. Nicht durch wehleidige Bittgesuche, sondern durch eigene, kreative Leistungen wollen diese Menschen beweisen, wozu sie aufgrund ihrer Neigungen und aus freien Stücken befähigt sind.

Die Stiftung Kreatives Alter wendet sich an Menschen über 65 und lädt sie ein, sich an einem Wettbewerb mit einer kreativen Arbeit zu beteiligen. Die Teilnehmer stammen zumeist aus der Schweiz, aus Europa, gelegentlich auch aus Übersee. Es sind Biographien, historische Abhandlungen, naturkundliche Arbeiten, aber auch Kompositionen und Schauspiele, die eingehen und beweisen, dass der ältere Mensch – entgegen der landläufigen Auffassung – durchaus aktiv und kreativ ist. Die zehn bis zwölf Preisträger und Preisträgerinnen des Wettbewerbs erhalten an einer grossen Feier im Kongresshaus Zürich je 10 000 Franken. Der Stiftungsrat setzt sich aus acht Mitgliedern zusammen, die durch die Selektionsarbeiten zeitlich zum Teil sehr beansprucht sind und entsprechend honoriert werden müssen. Gleiches gilt auch für die vielen Experten, die sich bei speziellen Arbeiten oft nur im Ausland finden. Es sind deren bisher rund 250. Zwei Teilzeitmitarbeiterinnen sind für diese Stiftung tätig.

Zusammenfassung und Ausblick

Gemeinsam ist diesen Stiftungen der personelle Aufwand, der sich in engen Grenzen halten soll. Es sind Teilzeitangestellte, deren Erfahrung und «feu sacré« eine grosse Hilfe sind. Es werden – und hier ist die grosse Vontobel-Stiftung inbegriffen – jährlich Millionenbeträge vergeben. Wird die Substanz einer Stiftung durch grosszügige Ausgabentätigkeit reduziert, erfolgt periodisch eine Aufstockung. Es ist also keinesfalls so, dass es zur Geschäftspolitik gehört, das Kapital intakt zu erhalten. Die Revisionstätigkeit wird durch den Chefrevisor der Vontobel-Gruppe kostenlos ausgeübt, die Verwaltung der Stiftungsvermögen obliegt einem Spezialisten der Bank Vontobel, der an konservative Richtlinien gebunden ist. Auch seine Tätigkeit ist spesenfrei. Die Zusammenarbeit mit der Verwaltung von Kanton und Stadt Zürich sowie dem Bund ist gut und vertrauensvoll. Gelegentlich uns wenig realistisch erscheinende Auflagen werden besprochen und, soweit noch nötig, erfüllt.

Dieses Vertrauensverhältnis zwischen den gemeinnützigen Stiftungen und der öffentlichen Hand ist ganz allgemein zu vertiefen. Die Tatsache, dass auch anderswo immer grössere Millionenwerte gemeinnützigen Stiftungen zugeführt werden, gilt es, in die kritischen Überlegungen der staatlichen Aufsicht einzubeziehen. Umgekehrt springen immer mehr Stiftungen in jene Lücken ein, die der Staat in seiner Sparpolitik entstehen lässt. Ich denke an die vermehrte Finanzierung kultureller Organisationen und Veranstaltungen als auch an den beträchtlichen Sukkurs durch Beiträge an Stellen und Forschungsprojekte unserer Hochschulen.

So brauchen wir vermehrte Zusammenarbeit, gegenseitiges Verständnis und noch mehr Stiftungsvermögen, die dem Nutzen der Allgemeinheit dienen sollen. Wir brauchen mehr gemeinnützige Stiftungen mit aufgeschlossenen und aktiven Stiftungsräten, die ihr Amt nicht als Sinekure betrachten. Wir brauchen aber auch Behörden, welche mit verständnisvoller Zusammenarbeit helfen, die angestrebten Zwecke im Interesse der Allgemeinheit zu erreichen und den Staat damit sinnvoll zu entlasten. Wir brauchen schliesslich auch eine Gesetzgebung, die den neuen Gegebenheiten in Kürze Rechnung trägt.

An der Jahreswende (1995)

*Man wird nicht alt, weil man eine gewisse Anzahl
Jahre gelebt hat: Man wird alt, wenn man seine
Ideale aufgibt. Die Jahre zeichnen zwar die Haut,
Ideale aufgeben aber zeichnet die Seele (General
McArthur).*

Besorgter Ausblick

Der ältere Mensch solle in der Gegenwart leben, schreibt eine
langjährige Brieffreundin zum Jahresende, denn an der erlebten
Vergangenheit lasse sich nichts mehr ändern und die Zukunft
gehe ihre eigenen Wege. Dennoch ist der Silvester für alle Nach-
denklichen ein Tag des Rückblicks, der Rechenschaftsablage, je
nach Stimmungslage dankbar, resigniert oder leider auch verbittert. Ein früh verstorbener Freund pflegte den frühen Silvester-
abend auf einer einsamen Waldwanderung zu verbringen, um
zu danken und nachzusinnen.

Für den Bankier, der sich mit seinem Beruf identifiziert, sind
private und berufliche Erlebnisse, Erfolg und Missgeschick, eng
miteinander verwoben. Freunde, einstmals bekannte Persönlichkeiten, sind in der Stille verstorben; nur wenige haben ihnen,
den vor Jahren aus dem Geschäftsleben ausgeschiedenen, das
letzte Geleit gegeben, sind sie doch vergessen. Eine Abdankung
am Grab, die Urne mit der Asche des Vizepräsidenten eines
weltweit tätigen Aktienkonzerns wird versenkt, ein halbes Dutzend Trauernde nehmen stillschweigend Abschied – ein Bild
von einem grauen Novembertag, das in der Erinnerung haften
bleibt. Die vielzitierte Lebensverbindung, wie sie in den verschiedensten Gemeinschaften immer wieder zitiert wird, ist zumeist nur eine leere Phrase. Aber haben sich die Dahingegange-
nen um wahre Freundschaften bemüht, wozu es viel Zeit
braucht, oder liessen sie sich wohlgefällig den Purpur küssen
und verwechselten Freundschaft mit Zweckbeziehung? – Andere haben die Pensionierungsschwelle seit langem überschrit-
ten und betreten traurig und lustlos einen Tag nach dem andern.
Ein Tagesritual füllt die Leere und lässt sie vergessen, dass sie
nun nicht mehr im Rampenlicht stehen.

Auch die Wirtschaft hat ihren Tribut gefordert. Zwölf Monate hat ein Konkurrenzkampf mit sich ständig reduzierenden Margen getobt. Jahrzehntelang gehäufte und sorgsam gehütete Pfründe und Privilegien gerieten ins Schussfeld einer oft überbordenden Kritik. Manager sind zuhauf auf diesem Schlachtfeld gefallen. Mit Liebesbezeugungen der Boulevardpresse Verwöhnte sind in den Niederungen verschwunden und keiner Zeile mehr wert. Der liebkosende Umgang mit den Medien ist nicht ohne Problematik. Bei der Auseinandersetzung von Interessengruppen soll man sich der Möglichkeiten der Medien gerne erinnert und bedient haben. Das Rezept des deutschen Reichskanzlers Bismarck, der aus dem erzwungenen Ruhestand in einem Hamburger Lokalblatt regelmässig Artikel gegen seinen Nachfolger schrieb, findet neue Köche, welche die Gerichte freilich noch raffinierter zubereiten.

Junge Führungskräfte sind gefragt. Fünfzigjährige sind altersverdächtig und suspekt, der Mitdreissiger kommt zum Zug. Wenn sich diese Tendenz fortsetzt, sind jene zwanzigjährigen Figuren, die sich malerisch an Parties und auf der Couch räkeln, nicht nur – wie schon jetzt – die Prominenz dieser Gesellschaft, sondern auch deren Vorgesetzte! Doch Spass beiseite: Vielleicht vermag eine von Erfahrung und Konventionen unbelastete Führungsgeneration die vielgefragten Initiativen zu entfalten und neue Wege zu bestreiten. Mit dem Alter ist es aber nicht getan, und allzu leichtfertig wird zur Zeit die Führungsqualifikation mit dem Geburtsdatum verbunden. Persönlichkeiten sind gefragt, ohne Zweifel. Deren Charakterzüge lassen sich abschätzen, je nach dem, ob der Neue das Werk seines Vorgängers anerkennt oder der abwertenden Kritik preisgibt. Vertrauliche Indiskretionen tun das ihrige, Sündenböcke, womöglich bereits verstorben, zu kreieren.

Grossmundige Erklärungen zur Integration einverleibter Unternehmungen, womöglich innert Monatsfrist, stimmen nachdenklich. Irgendwo in der Fachliteratur wird festgehalten, dass der erwartete Synergieeffekt in neun von zehn Fällen nicht eintritt. Und für den Verkünder einer Integration innert wenigen Wochen scheint der Begriff der Unternehmenskultur fremd zu sein. Wir vergessen den Menschen, auch in diesem Zusammenhang. Wir sind bestrebt, den Gewinn zu optimieren und räumen dem «return on equity» den ihr gebührenden Platz ein. Wenn aber Schillers «Einig Volk von Brüdern» zur Farce verkommt, sind wir – mit oder ohne EU – am Ende. Unser Weg geht durch die Mitte, bedarf kleiner Schritte und ist mühsam auszuhandeln.

Ein letzter Blick zurück: Unsere Grossunternehmen haben sich mehrheitlich entschieden, das Aktionariat zu vereinfachen, die Ausländerdiskriminierung bei der Eintragung von Namensaktien aufzuheben, womit die theoretische Möglichkeit entsteht, dass sich von irgendwoher eine geballte Kapitalkraft dieser Konzerne ganz oder teilweise bemächtigt. Wir rufen nun nicht nach einem neuen «Nationalpark», doch sind solche Gedanken wirklich völlig abwegig, wenn wir die Tätigkeit amerikanischer Raider auf Jahre zurückverfolgen? Ein grosses, von unkontrollierbaren ausländischen Kräften beherrschtes Dienstleistungsunternehmen, losgelöst von den Verpflichtungen gegenüber der schweizerischen Volkswirtschaft, ein Albtraum für den in traditionellen Formen eingebundenen Eidgenossen. Oder zeigt sich bereits auf diesem Weg der in der politischen Presse des Auslandes immer wieder angekündigte Untergang der Nationalstaaten an?

Von der Vergangenheit in die Gegenwart. Sie ist für uns nicht nur das Greifbarste, sie breitet uns täglich jene Schätze aus, die uns menschlich bereichern. Das Glück im Kleinen, die Blume am Weg, die wir in der täglichen Hektik, in der Planung der Zukunft, in der Gestaltung des Leitbildes und der strategischen Ziele des Unternehmens allzu rasch vergessen. Dankbarkeit für das Sein-Dürfen, aber immer wieder das Feststellen der uns einmal gegebenen Begrenzung. Gelassenheit aus dem Bewusstsein dieser Begrenzung tut uns not und muss wohl – je nach unserer Veranlagung – täglich neu erstritten werden. Gelassenheit als ein inneres Leichtgewicht, keinesfalls zu verwechseln mit der Gleichgültigkeit gegenüber unserer Umwelt.

Der amerikanische General McArthur hat zum Jungsein bemerkenswerte Sätze formuliert, wenn er beispielsweise sagt:

«Die Jugend kennzeichnet nicht einen Lebensabschnitt, sondern eine Geisteshaltung; sie ist Ausdruck des Willens, der Vorstellungskraft und der Gefühlsintensität. Sie bedeutet Sieg

des Mutes über die Mutlosigkeit, Sieg der Abenteuerlust über den Hang zur Bequemlichkeit. Man wird nicht alt, weil man eine gewisse Anzahl Jahre gelebt hat: Man wird alt, wenn man seine Ideale aufgibt. Die Jahre zeichnen zwar die Haut – Ideale aufgeben aber zeichnet die Seele. Vorurteile, Zweifel, Befürchtungen und Hoffnungslosigkeit sind Feinde, die uns nach und nach zur Erde niederdrücken und uns vor dem Tod zu Staub werden lassen. Jung ist, wer noch staunen und sich begeistern kann. Wer noch wie ein unersättliches Kind fragt: Und dann? Wer die Ereignisse herausfordert und sich freut am Spiel des Lebens. Ihr seid so jung wie euer Glaube. So alt wie eure Zweifel. So jung wie euer Selbstvertrauen. So jung wie eure Hoffnung. So alt wie eure Niedergeschlagenheit. Ihr werdet jung bleiben, solange ihr aufnahmebereit bleibt: Empfänglich fürs Schöne, Gute und Grosse; empfänglich für die Botschaften der Natur, der Mitmenschen, des Unfasslichen. Sollte eines Tages euer Herz geätzt werden von Pessimismus, zernagt von Zynismus, dann möge Gott Erbarmen haben mit eurer Seele – der Seele eines Greises.»

Wir wollen an der Jahreswende nach vorne blicken, im Bewusstsein unserer Begrenzung und verbunden mit der Demut, dass die Dinge im persönlichen und beruflichen Bereich oft ganz anders laufen als von uns mit aller Gründlichkeit überlegt und geplant. Auch der Ältere will den ihm passenden und aufgrund der ihm verbliebenen körperlichen und geistigen Kräfte gangbaren eigenen Weg gehen. Das Rollenverständnis, das dem älteren Menschen allzu oft angeheftet wird, bedarf der Korrektur. Man sucht sich selbst und lernt sich besser kennen, die Stärken und hoffentlich auch die Schwächen. Man entdeckt sich und seine Umgebung neu und vermag die Kräfte anders einzusetzen. Die Geriatrie beleuchtet nur die eine Seite des Altseins. Und umgekehrt versuchen Gesellschaftskritiker die Möglichkeiten eines Abbaus der politischen Rechte von Seniorinnen und Senioren zu sondieren, verbunden möglicherweise mit Diskriminierungen im finanziellen Bereich. Nicht auszudenken, wie zu Recht empört die Öffentlichkeit reagiert hätte, wenn sich diese angedeutete Benachteiligung gegen andere Rassen und nicht gegen die Älteren der eigenen Bevölkerung gerichtet hätte! Die Zukunft mitgestalten heisst die Antwort und dazu gehört das dauernde Gespräch mit den Jungen, der schönste und erfrischendste Jungbrunnen, der uns geschenkt ist.

Auch im neuen Jahr wird es wahrhaftig nicht an Konfrontationen und lautstark geäusserten Emotionen fehlen. Sie sind, wenn wir den Blick etwas weiter zurückgleiten lassen, für dieses Land keineswegs neu. Persönliche Verunglimpfungen haben leider eine lange Tradition. Paukenschläge von unternehmerischer Seite tun not, verraten vereinzelt die Zivilcourage ihrer Verursacher, aber sie sollten von mehr Sachkenntnis getragen sein. Schwarzweissmalerei und Patentlösungen ohne Berücksichtigung der realen Gegebenheiten bringen uns nicht weiter. Es bedarf nun des dauernden, von Sachkenntnissen getragenen Dialogs, der auf starre, antiquierte Positionen und Schlagworte verzichtet. Vertreter aus Arbeitgeber- und Arbeitnehmerkreisen, die etwas zu bestellen haben, sollten sich zu dieser zeitraubenden, unspektakulären Tätigkeit finden.

Populismus ist überall feststellbar, auch wenn dieses Etikett nur dem Gegner angeheftet wird. Privatisierung nennt sich die Glücksbotschaft und lässt vergessen, dass viele staatliche Unternehmen in Jahrzehnten grosse, gesellschaftliche Leistungen erbracht haben, die ein privatwirtschaftlich rechnender Betrieb ganz einfach nicht übernehmen kann. Was Wunder, wenn der Status des Beamten immer mehr abgewertet wird. Bürokraten finden sich auch in Privatunternehmen, das Parkinsonsche Gesetz findet hinter mancher Bank- und Fabrikmauer seine tägliche Realisierung. Wir zählen bei der Beurteilung der Chancen unseres Landes im internationalen Konkurrenzkampf unsere Trümpfe auf und vergessen den Beamtenstand, der insgesamt unbestechlich und effizient handelt, was manche ausländische Unternehmung veranlasst hat, sich hierzulande niederzulassen.

In unserer Geschichtsdarstellung bemühen wir jeweils uns genehme Bilder; in diesem Zusammenhang wäre es wirklich der Mühe wert, die jahrzehntelange Leidensgeschichte der schweizerischen Privatbahnen im vergangenen 19. Jahrhundert darzustellen. Kantonalbanken als die neuen Prügelknaben an der Jahrhundertwende: Der Wegfall der historisch gegebenen Aufgaben sei zugestanden, die verhängnisvolle Politisierung vieler Aufsichtsorgane nicht minder; doch dies berechtigt nicht den

Ruf nach einer totalen Umformierung dieser in anderthalb Jahrhunderten geschaffenen Strukturen. Auch Regionalbanken behalten ihren Platz an der Sonne, wenn sie sich ihrer Grenzen bewusst sind und über Aktionäre verfügen, die ihr die Treue halten und nicht bei einem verlockenden Kaufgebot von dritter Seite die oft verkündeten lokalen Prinzipien über Bord werfen.

Neue Verheissungen locken; Transparenz heisst die eine und will dem gewiegten Finanzanalytiker, aber auch dem mit Sachkenntnissen beschenkten Aktionär das bisher fehlende Wissen über die Gesellschaften und deren Reserven vermitteln. Transparenz schütze vor Überraschungen, lautet eine Meinung, doch an Überraschungen wird es auch in Zukunft nicht gebrechen, wenn wir an die dauernden technologischen Änderungen und die sich daraus ergebenden Irrwege denken. Transparenz ruft zu Recht dem Gespräch, der Erklärung. Gleich daneben angesiedelt ist der um sein Renommee besorgte Manager, der zu beschönigenden Darstellungen und rosigen Zukunftserwartungen neigt. Er bedarf eines ihm geneigten Aktionariats, das die Aktien auf ein hohes Kursniveau treibt oder dort erhält, winkt ihm doch andernfalls eine Übernahme von Dritten.

Wir bewegen uns im neuen Jahr weiter auf die freie Marktwirtschaft zu. Monopole, Kontingente und Restriktionen werden abgebaut oder fallen ganz; das Privatisierungskarussell dreht sich weiter. Die Auflockerung unserer Strukturen tut zweifellos not, aber bald stossen wir an die Grenzen der freien Marktwirtschaft. Mit diesen Grenzen sollten wir uns vermehrt auseinandersetzen, auch wenn dies heutzutage der herrschenden Grundströmung zuwiderläuft.